Antes que te formaras

Antes que te formaras

JEREMÍAS 1, 5

JOSÉ MIGUEL ESPINAL CRUZ

Título:
Antes que te formaras
Autor:
José Miguel Espinal Cruz

Santiago de los Caballeros
República Dominicana
2020

Prólogo

Antes que te formaras es un libro escrito en un lenguaje sencillo y llano, no con palabras rebuscadas, que narra una realidad que si bien se desconoce lo que puede la fe en Dios, podría parecer ficción.

Todo lo relatado es verdad y es el resultado de la memoria y la experiencia de muchos años.
Querido lector, Dios está llamando y solo los valientes se abren paso en medio de las adversidades y de las tantas ofertas del mundo para escuchar su voz y seguirle. La pregunta: ¿Qué hará usted?

El Reino de los Cielos, es cosa que se conquista solo, los que se atreven entran en él. La salvación es posible y es un don que podemos alcanzar. Todos tenemos una llamada en común: un mismo Señor, una misma fe, un mismo cielo, un mismo Dios y Padre de todos.
El Señor espera una pronta y firme repuesta.

Agradecimientos.

A Dios Padre Creador de todas las cosas. A mi esposa Lisauri, por su apoyo y ayuda incondicional. A mis padres, Antolín Espinal y Alida Cruz. A mi hijo José Miguel por ser quien me inspira a seguir adelante. A mis tres hermanas Maurelis, Mireli y Rosairis. A monseñor Tobías Cruz, mi consejero espiritual. Al Padre Rainel Vázquez, A Fray Juan Mena, mi confesor. A mis abuelos, pilares de mi fe. Al ministerio Seguidores de Jesús. Al ministerio Siervos y siervas del Carmelo. Al ministerio los Peregrinos de Emús. A Andrea Tavares. A Tony Rodríguez. A Eulogio Cruz. A Yudelka Morales. José Núñez. Rosario Filpo. Juan de Dios Mármol. Al hermano Santo Zabala. A Lisa Francisco. A Deysi e Ivelise Tavares. A Jazmín Marte Y todos los hermanos que oraron y colaboraron para que este proyecto sea un hecho.

Al leer estas líneas escritas por mi hermano en la fe José Miguel, he podido sentir en grande la presencia de Dios. Sin duda alguna, cuando Dios llama al hombre es para por medio de él, realizar un propósito grande. Sé que a través de este escrito, muchas almas llegarán a los pies de Jesús, que muchos hogares cambiarán y muchos serán los que atenderán el llamado de Dios. Agradezco al Señor por haberme dado el gozo de haber conocido y tener como compañero de ministerio a este hermano. Espero en Cristo y así lo siento, este libro cause en usted, hermano lector, un gran impacto espiritual, llevándolo a la conversión.

Hermano Santo Zabala

En lo que a mí concierne, como hermano de ministerio y como coordinador *Arquidiocesano* de la Renovación Católica Carismática, después de haber leído "Antes que te formaras" puedo decir, y a la vez exhortar a la lectura atenta de este material. En sus páginas encontrarás un empuje para seguir adelante y continuar el camino de la fe.

Estos senderos son para valientes. Angosta es la puerta para entrar al camino de la salvación, pero recordemos que todo lo podemos en Cristo que es nuestra fortaleza.

Juan de Dios Mármol
Coordinador Arquidiocesano
de la RCC, Arquidiócesis
de Santiago de los caballeros

Cuando conocí a José Miguel, me transporté de inmediato al libro de Jeremías en el capítulo uno, versículo cinco, y a medidas que me he introducido en esta maravillosa herramienta, este libro, he podido entender aquella impresión que tuve al conocerlo.

Estoy satisfecha de quererlo como un hijo, y a usted, querido lector/a, al leer abrace a la acción del Espíritu Santo para que pueda experimentar esta hermosa transformación de la que ha sido testigo mi hijo espiritual José Miguel Espinal.

Rosario Filpo

Santiago, 5 de Julio 2016

Sr. José Miguel Espinal Cruz

Sus manos.

Con mi fraternal saludo me dirijo a ti para hacerte llegar algo sobre la obra literaria testimonial "Antes que te formaras" (Jr 1,5).

El contenido es muy interesante. Expone ideas completas que mueve a la reflexión.

La forma de exposición es descripción dinámica de episodios cronometrados, que nos ofrecen un panorama completo.

Positivo: sinceridad y claridad.

Enseñanza para todos: no caer en debilidades. No dejar la oración.

Dios no abandona a sus hijos a pesar de los malos pasos o crisis morales o de fe.

¨Los dones de Dios son irrevocables¨ Romanos 11, 29.

Monseñor Tobías Cruz

CAPÍTULO I
RAÍCES

… Mi historia, la que hoy quiero compartir con usted, se remonta a unos años atrás. Antes de que naciera comenzó Dios a escribir mis días en su libro. Él es el eterno presente, así lo atestiguan las sagradas escrituras al decir: "mil años para ti son como un día". (Salmo 90, 4).

La vida de fe es levantadas, subidas, bajadas, caídas. Lo que nunca puede perderse es el norte. Nuestro principio debe ser Jesús y nuestro fin también, Jesús. Átate al Señor como compañero de vieja y no lo sueltes nunca; total, en la tierra solo somos simples pasajeros a quienes por gracia se nos concedió ser. Cierto es que las dificultades no cesan, es la realidad de hombre, pero más cierto es que el amor de

Dios no se agota y que sus misericordias se renuevan cada mañana.

Para continuar contándole, es preciso hablar de dos personas: José Antolín Espinal y Alida Mercedes Cruz, mis padres. De él, por lo que he escuchado, basado en lo que me han dicho y por lo que he vivido a su lado, puedo hablar y describirlo desde su niñez, como persona de ardua labor y fuerte semblante. Siendo el segundo en una familia de siete hermanos, tuvo que dedicarse al trabajo pesado desde muy temprana edad.

En un tiempo donde la situación económica no favorecía y la escasez arreciaba. El pan de cada día había que ganarlo con mucho sudor, con un machete en manos o recogiendo el café que los ratones despulpaban y caía al suelo.

De su propia boca supe escuchar tantas veces cuando nos contaba, que a las seis de la mañana, él y Neri -su hermana mayor-, eran levantados de la cama para ir al cafetal. Distante a veces a unos ocho kilómetros, otras veces hasta doce. Tener que hacer este recorrido a pie en la mañana para iniciar la labor, en la mayoría de las ocasiones una jornada de sol a sol y llevando como alimento para todo el jornal una botella de chocolate en agua y uno que otro bollo (sorullo, bolillo) hecho de harina de maíz.

Lo singular era, que al caer la tarde, los padres esperaban con ansias la llegada de los niños, pues desde que llegaban a casa, mis abuelos tomaban el café recolectado, fruto de un día de trabajo y rápidamente antes de que la noche envolviera todo, lo medían, y ellos mismos, a la sola orden de los viejos, se disponían al trueque.

Cambiar su trabajo de tantas horas por lo que en esa noche iba a convertirse en la cena de toda la familia.

Allá, en la vieja pulpería se efectuaba el cambio, café por arroz, trigo, arenque, salami, etc.

Llevando esta niñez en un campo donde no hubo jamás energía eléctrica, o calles pavimentadas, donde se pasaba la semana trabajando de lunes a sábado. (El domingo no se trabajaba, pues la gente temía a Dios y consideraban que si no se guardaba este día, se estaba pecando). Con una juventud casi toda del mismo estirpe, el domingo se convertía en el día de escape, de la borrachera y la parranda. Así José Antolín, desde su adolescencia, aprendió a embriagarse. Al parecer esta era la escapatoria a una vida rutinaria y de trabajo duro.

Especialmente en los días de verano, donde Gurabo, que era el río cuyas aguas frescas, caudalosas y cristalinas alegraban el campo aquel. Este se convertía en el lugar más visitado.

El charco de la paila, el de la cueva, el de la arena, eran los escenarios perfectos para una alegría poco duradera, pero que aliviaba la pena de los lugareños y visitantes de las zonas aledañas. La gente se reunía para divertirse, por lo general, jugando la minga o el lobo, este último consistía en no dejarse tocar la cabeza de aquel que fue designado para hacer el papel del depredador, sin poder huir del agua, únicamente podían usar como lugar de escape las piedras que cercaban el caudal. El juego no venía solo, sino que casi siempre era acompañado de algunas botellas de Ron Añejado. Así Tolín, nombre más común por el que llamaban a mi padre, cada domingo estaba allí ingiriendo algunos tragos, pendiente a las mujeres presentes, dispuesto a la conquista y con ánimos incansables de parranda. Un radio de seis baterías desechables no podía faltar. Sin la música, aquellas viejas canciones que según los oyentes producían nostalgia, paradójicamente daban el toque de alegría y entusiasmo para acoplar a decenas de personas.

¡Que dicha más grande ha de ser nacer en la abundancia! Muchos nacen en la precariedad. Con necesidad de todo. Lo que aun no he podido comprender, porque el hijo que el padre le da todo, suele tan poco valorar los bienes.

… Fue así, hasta que Tolín tuvo veinte y dos años de edad. Con este número de años contrajo matrimonio con Alida, ella contaba para ese entonces con diecinueve años.

De esta dama, joven señora ¿qué se puede decir? Mucho.

Iniciando por el dato de que era la número veinte de una familia de veinticuatro hermanos, todos del mismo padre y la misma madre; Lucas Evangelista Cruz (Ita) y Ana Mercedes Abreu (Melita).

Solo con este detalle podemos hacernos un cuadro amplio de preguntas. Por ejemplo: ¿Cómo pudo un hombre que solo era agricultor mantener tan numerosa familia sin ayuda de nadie? ¿En qué estaban pensando estos dos? Modernamente ¿Estaban locos? Pues hermano lector, en un mundo donde no usaban, gracias a Dios, métodos anticonceptivos, donde por lo general el hombre y la mujer respetaban su unión siéndose fieles, dispuestos a cumplir el "hasta que la muerte los separe", donde no había internet, teléfonos móviles, ni una cultura de aborto, donde se reconocía a Dios como Padre y autor de la vida, esto era normal.

Normal era que la mujer se dedicara a cuidar de la casa, a los niños y a los quehaceres mientras el hombre se encargaba de trabajar, llevar el alimento y proveer lo necesario para toda la familia…

Gracias al Altísimo, esa cultura de muerte, de aborto, de anticonceptivos; al parecer aún no había sido inventada por el hombre. Imagínese usted, si mis abuelos, sólo hubiesen tenido tres hijos, hoy el hermano José Miguel no existiera.

Alida, desde muy temprana edad, aprendió y se entrenó en los quehaceres de la casa, instruida en el lavado de la ropa, cocinar, asear los utensilios de cocina, crece en este ambiente donde casi la mitad los hermanos eran varones.

Según le he oído contar, no era tan sencillo tener que lavar los pantalones de tantos hombres que sólo se dedicaban a la agricultura. Sus prendas de vestir perdían hasta el color de la tanta tierra que les caía encima. Tampoco era simple tener que cocinar para todos. Pelar hasta dos racimos de plátanos y freír treinta o más huevos para una sola cena complicaba la labor. A esta cena había que agregar al menos cinco litros de chocolate y en la mañana antes de que los varones salieran a trabajar, madrugar para preparar la misma cantidad de infusión de jengibre. Las hembras, en cambio, se turnaban los trabajos caseros. A sabiendas de que en esos días no se tenía accesibilidad a comidas enlatadas, sazones sintéticos o víveres pelados en el refrigerador de un supermercado, sino que todo se debía hacer de forma natural y diario. A base de leña en un fogón modelado de barro. Así era la vida. La niñez de aquel entonces, no tenía videojuegos, Ipad,

Tablet, Smart Phone o rompecabezas, sin embargo, la imaginación siempre fluía. En los momentos libres, las hembras se iban a los cafetales y pidiendo la ayuda de los varones, se hacían construir casitas de hoja de plátanos, bejucos y ramas de árboles caídos, allí soñaban con sus hijos, con su matrimonio, etc. Se hacían muñecas de trapos, de barro y se ingeniaban cocinas para simular que cocinaban en su casa y que compartían un café con sus amigas.

Así creció la mujer, a la que después de mi Creador, le debo la vida.

CAPÍTULO II
UNA SOLA CARNE

Unidos en Santo Matrimonio, como manda la iglesia, Tolín y Alida dan inicio a una vida conyugal. Ella, sumisa a su marido como eran las mujeres de aquel entonces, es decir, cuando el hombre era el que trabajaba y la mujer se encargaba del hogar. Tiempos en que el hombre era cabeza de la familia y no como sucede ahora; no quisiera se me catalogue de machista, (aunque así pasara, sé que no lo soy) pero añoro esa vida donde la mujer antes de hacer cualquier cosa o tomar alguna decisión consultaba a su esposo y donde todo parecía que se tenía en común. Hoy no ocurre lo mismo. Los esposos toman su partido, la mujer trabaja y como gana su propio dinero, dice puedo hacer lo que quiera. El hombre por su lado toma sus decisiones como si su esposa no contara y vive sin tener en cuenta su mujer, tal es el caso, que ya en la casa, en los hogares (ya ni sé si llamarles hogares) uno dice este es mi carro, este es mi dinero… así no es como le agrada al Señor. Cuando hay una unión matrimonial el mí, mío, mueren y nace el nuestro.

Usted y yo querido hermano, amadísima hermana tenemos que cortar estos malos hábitos, estrategias del maligno, que ha venido a robar, a matar y a destruir (Juan 10, 10).

Tomo como ejemplificación algunos casos que en lo personal, no comparto y considero que aunque a veces pasan inadvertidos hacen un gran daño y constituyen a un deterioro progresivo de la relación conyugal.

En casa todos tenemos teléfonos personales (móviles), si somos esposos y dice la escritura que ya no son dos sino una sola carne "**¿no han leído que el creador al principio los hizo hombre y mujer y dijo: el hombre dejará a su padre y a su madre y se unirá con su mujer y serán los dos una sola carne? De manera que ya no son dos, sino una sola carne. Pues bien, lo que Dios ha unido, no lo separe el hombre" (Mateo 19, 4-6).** ¿Por qué hay que tener nuestro teléfono con una clave de seguridad que nuestra pareja no puede conocer? Esto da pie a la inseguridad, llega el pensamiento de que algo se está ocultando, incluso su conyugue puede ser asaltado por la suposición de que existe algún romance y que usted lo está ocultando, aunque esto no sea cierto existirá el temor de que usted puede estar siendo infiel y lo oculta. Estoy de acuerdo con una clave de seguridad, por si se extravía su teléfono para protegerlo de personas ajenas o en el caso de que lo hurten pero no para su pareja, recuerde siempre que no hay mí, sino nuestro.

Otra cuestión que da que pensar. Supongamos que alguien le llama y usted estando al lado de su esposo o esposa, deja que su teléfono suene repetidas veces y no toma la llamada ¿Qué podrá pensar su conyugue? O si la toma y él o ella está a su lado, se aparta para que no le escuche hablar ¿Cómo cree usted se sentirá su pareja? O en el caso que tomando la llamada, al hablar lo haga como quien quiere evadir el tema o trata de hablar en un lenguaje cifrado ¿qué opinara la persona que está ahí a su lado?

Dañinas también resultan ser hoy día para la relación conyugal las redes sociales, aunque para quien quiera darle un uso provechoso son útiles y en el mundo de hoy hasta necesarias.

Ellas se han convertido en las fuentes principales de problemas matrimoniales. Es increíble que por causa del contenido en el internet las parejas de hoy pasan semanas sin sexo y en otros casos hasta superan el mes. Parecerá una historia de muy mal gusto pero ya al irse a la cama siquiera se miran, ni dan las buenas noches, se acuestan y se levantan con un teléfono móvil en la mano. No dando con esto espacio a que surja el afecto, el calor, el gusto, el deseo. A tal punto que la relación se convierte en un aburrimiento tal que ya pesa estar el uno con el otro. Lo mismo se diga de los momentos sociales, compartir en familia y espacios de recreación.

Estas redes si bien son muy buenas, hasta como canales de evangelización y promoción de la vida familiar y porqué no, hasta de una vida espiritual, son armas de doble filo.

Quiero hacer especial referencia a esto que hoy daña el matrimonio: la apetencia de la carne. Recordemos que el enemigo no duerme **(1 Pedro 5,8) sean sabios y estén vigilantes, porque su enemigo, el diablo, ronda como león rugiente buscando a quien devorar.** La experiencia nos dice que el campo de batalla del enemigo en estos últimos tiempos es la familia. El ojo humano siempre busca la belleza, una belleza de cuerpo, no de alma, por tanto, si usted quiere conservar su matrimonio sería bueno que se abstenga de ir a los perfiles de otras personas, ver esas fotos que dejan poco a la imaginación porque todo lo muestran. Un hombre una mujer, casado, casada, trata de cuidar esta parte, pues a nadie le agrada que su pareja esté viendo otros cuerpos y peor aún en muchas ocasiones dando rienda suelta al deseo y a la imaginación. Esto es un gran pecado.

Volvemos al matrimonio de cual le hablaba. El de mis padres. Hago especial énfasis en resaltar de ella su sumisión y amor a su esposo. De él podemos ponderar la responsabilidad, lo trabajador y cumplidor en el hogar.

Cualidades muy buenas en un hombre, más como dije al principio este hombre trae una secuela de alcohol y viviendo en unión matrimonial este mal hábito imperaba. Ahora podemos catalogarlo como trabajador de lunes a viernes pero parrandero sábado y domingo, adicionando además su decline hacia los gallos de
peleas. Parrandero, borracho, gallero y jugador, hábitos mal sanos que perjudicaron seriamente esta unión ¿De qué sirve pasarse la semana trabajando de sol a sol, para gastar todo lo producido en un día? ¿De qué vale gastar todo y no en alimento, vestido o bienestar común?

Algo bueno pasó después... Tolín y supuestamente por una maldición pronunciada y que él asegura se le pegó, dejó los gallos; solo tomaba de forma esporádica y dejó las salidas frecuentes a las fiestas.

Según escuché de mi madre y de mi abuela, un día él se dirigía a la gallera. Era un sábado. Esta distaba a unos 15 kilómetros. Él con su caballo ensillado se preparaba para salir, ella cansada de lo mismo. Con un niño en brazos (yo) y un embarazo (mi hermana Maurelis), cuando él se dirigía a la casilla a buscar el gallo que más apreciaba, un gallo bolo, que ya le había ganado siete peleas y seguro esta vez de que ganaría la octava, en presencia de mi abuela, ella dijo con voz potente - ¡Ojalá te maten el gallo ese hoy! El haciendo caso omiso y dejando sola a la triste mujer emprendió su salida. Al regresar, llegó con un enojo que si la imaginación nos alcanza podemos decir echando humo por los oídos y por la nariz. Se desmontó de su caballo, entró a la casa de los gallos y fue casilla por casilla y esa misma noche los mató a todos. Después de haber ejecutado este acto entró a la casa y le dijo a ella con el rostro fruncido - ¡Tú tienes que estar contenta! Me mataron el gallo bolo. Ella sin atreverse a mediar palabra para evitar una contienda, escuchaba las rabietas de su marido, quien después de esto permaneció casi una semana sin hablarle a su mujer.

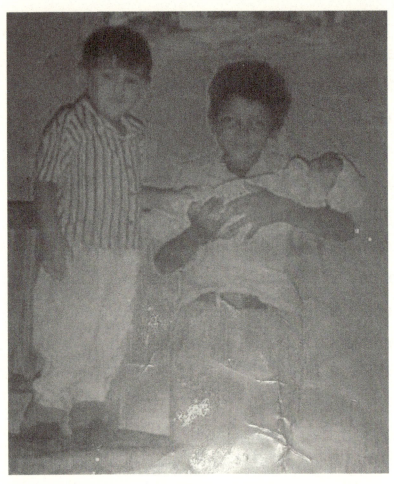
Mi hermana Maurelis en brazos de otro niño y encima de la silla, yo.

CAPÍTULO III
LA LLAMADA

Desde el principio de la creación, Dios ha suscitado a hombres y mujeres para a través de ellos llevar a cabo su plan salvífico. El misterio de la salvación.

Si nos detenemos en las sagradas escrituras nos daremos cuenta como el Padre todo poderoso, en distintos tiempos, en distintas circunstancias se ha valido de hombres y mujeres no perfectos sino que cargan en si debilidades, para alcanzarles o mostrarles el camino hacia el sumo bien. Esto nos anima a entender, a creer que también nosotros aunque pecadores, tenemos la esperanza de que esta llamada nos alcanzara.

Desde los patriarcas hasta hoy, podemos constatar como Dios sigue llamando al hombre a escuchar su voz **¨ojalá escuchéis hoy la voz del señor no endurezcáis vuestro corazón) (Salmo 95, 7-8), a quitarse el vestido viejo y a renovarse con la gracia del Espíritu Santo (Colosenses 3, 12-17). Pónganse, pues, el vestido que conviene a los elegidos de Dios, sus santos muy queridos: la compasión tierna, la bondad, la humildad, la mansedumbre, la paciencia. Sopórtense y perdónense unos a otros si uno tiene motivo de queja contra otro. Como el Señor los perdonó, a su vez hagan ustedes lo mismo¨.**

Noé, Abrahán, Isaac, Jacob, José, Moisés, Josué, Gedeón, Samuel, Judith, Esther, Isaías, Jeremías, Daniel, David, Elías, Eliseo, la Santísima Virgen María, Pedro, Andrés, Santiago, Pablo, Entre otros fueron llamados por Dios y obedecieron a la llamada ¿Está usted dispuesto a atender la llamada del Padre?

Pasa hoy en día amadísimo hermano, preciada hermana que muchos rechazan esta llamada. Ejemplo tangible lo podemos encontrar en el capítulo 13 del evangelio según San Mateo. La parábola del sembrador. "Ese día Jesús salió de casa y fue a sentarse a orillas del lago. Pero la gente vino a él en tal cantidad, que subió a una barca y se sentó en ella, mientras toda la gente se quedó en la orilla.

Jesús les habló de muchas cosas, usando comparaciones o parábolas.

Les decía: «El sembrador salió a sembrar. Y mientras sembraba, unos granos cayeron a lo largo del camino: vinieron las aves y se los comieron. Otros cayeron en terreno pedregoso, con muy poca tierra, y brotaron en seguida, pues no había profundidad. Pero apenas salió el sol, los quemó y, por falta de raíces, se secaron. Otros cayeron en medio de cardos: éstos crecieron y los ahogaron. Otros granos, finalmente, cayeron en buena tierra y produjeron cosecha, unos el ciento, otros el sesenta y otros el treinta por uno. El que tenga oídos, que escuche.»

Los discípulos se acercaron y preguntaron a Jesús: «¿Por qué les hablas en parábolas?» Jesús les respondió: «A ustedes se les ha concedido conocer los misterios del Reino de los Cielos, pero a ellos, no. Porque al que tiene se le dará más y tendrá en abundancia, pero al que no tiene, se le quitará aun lo que tiene. Por eso les hablo en parábolas, porque miran, y no ven; oyen, pero no escuchan ni entienden.

En ellos se verifica la profecía de Isaías: Por más que oigan, no entenderán, y por más que miren, no verán. Este es un pueblo de conciencia endurecida. Sus oídos no saben escuchar, sus ojos están cerrados. No quieren ver con sus ojos, ni oír con sus oídos y comprender con su corazón. Pero con eso habría conversión y yo los sanaría.

¡Dichosos los ojos de ustedes, que ven!; ¡dichosos los oídos de ustedes, que oyen! Yo se lo digo: muchos profetas y muchas personas santas ansiaron ver lo que ustedes están viendo, y no lo vieron; desearon oír lo que ustedes están oyendo, y no lo oyeron.

Escuchen ahora la parábola del sembrador: Cuando uno oye la palabra del Reino y no la interioriza, viene el Maligno y le arrebata lo que fue sembrado en su corazón. Ahí tienen lo que cayó a lo largo del camino.

La semilla que cayó en terreno pedregoso, es aquel que oye la Palabra y en seguida la recibe con alegría. En él, sin embargo, no hay raíces, y no dura más que una temporada. Apenas sobreviene alguna contrariedad o persecución por causa de la Palabra, inmediatamente se viene abajo.

La semilla que cayó entre cardos, es aquel que oye la Palabra, pero luego las preocupaciones de esta vida y los encantos de las riquezas ahogan esta palabra, y al final no produce fruto. La semilla que cayó en tierra buena, es aquel que oye la Palabra y la comprende. Este ciertamente dará fruto y producirá cien, sesenta o treinta veces más.»

Otras veces no atendemos a la llamada por los afanes de este mundo, por el dinero, por el acumular tesoros aquí en la tierra, como lo muestra el evangelista San Marcos en el capítulo 10 verso 13. **"Se ponía ya en camino cuando uno corrió a su encuentro y arrodillándose ante él, le preguntó: «Maestro bueno, ¿qué he de hacer para tener en herencia vida eterna?»**

Jesús le dijo: « ¿Por qué me llamas bueno? Nadie es bueno sino sólo Dios. Ya sabes los mandamientos: No mates, no cometas adulterio, no robes, no levantes falso testimonio, no seas injusto, honra a tu padre y a tu madre.»El, entonces, le dijo: «Maestro, todo eso lo he guardado desde mi juventud.»
Jesús, fijando en él su mirada, le amó y le dijo: «Una cosa te falta: anda, cuanto tienes véndelo y dáselo a los pobres y tendrás un tesoro en el cielo; luego, ven y sígueme.» Pero él, abatido por estas palabras, se marchó entristecido, porque tenía muchos bienes¨.

Este joven rico aunque fue llamado por el mismo Jesús, su amor hacia las cosas materiales impidió dar ese sí, que Dios necesita de nosotros. Hago la salvedad de que Dios necesita este sí para salvarnos no porque esto lo vaya a ser más grande, ni más sabio, ni más rico, sino porque él es un Padre bueno y su

voluntad es que todos los hombres se salven.
(1 Timoteo 4.11)

Me atreveré a contarle mi llamado tal cuál mi madre me lo comunicó a mí.

Cierto día, en la capilla Inmaculada Concepción de Rincón Llano había un grupo de oración, una asamblea carismática, mi mamá estaba allí. Después de haber cantado, vivido la presencia de Dios, haber alabado el Santo nombre del Señor luego de la invocación al Espíritu Santo, llegó el momento más sagrado de aquel encuentro; escuchar la palabra de Dios. Palabra que como nos ha enseñado nuestra madre iglesia es palabra que tiene y que da vida, es palabra que es espíritu y que transforma los corazones; palabra que por la experiencia podemos decir que sana, libera y cambia vida.

Predicaba el hermano Eugenio Rodríguez (Geno), un hombre sin mucho acervo cultural, sin mucha preparación académica, pero que Dios tal como lo hacía con los apóstoles, mostraba que estaba con él, por las obras que sucedían a través de este que se hacía llamar siervo inútil. ¨**Con todo, permanecieron allí un buen número de días. Predicaban sin miedo, confiados en el Señor, el que confirmaba este anuncio de su gracia con las señales milagrosas y los prodigios que les concedía realizar**¨. **(Hechos 14, 3).**

Terminaba la predicación de la palabra, Geno daba inicio a una oración, pidiendo a Jesús que se paseara por aquel lugar; en eso comenzó la mano del Señor a actuar. Muchas personas fueron sanadas de sus enfermedades corporales, otros oprimidos por el maligno a medida que la oración avanzaba eran liberados.

Para aquel entonces mi mamá estaba embarazada de mí. Era primeriza. Había alegría entre mis padres porque ya de un matrimonio bendecido por la iglesia católica, venía un hijo al mundo.

Ya casi finalizando el grupo de oración Dios comienza a instruir al hermano Geno con palabras proféticas del Espíritu Santo. El Señor lo envió justamente donde estaba mi mamá e imponiendo sus manos sobre ella le hablo en nombre de Dios. Le dijo -mujer el hijo que viene, el que tienes en tu vientre, va a ser un profeta del Dios Altísimo y en ese mismo instante le dio hasta el nombre que mi madre debía ponerme. Y agrego. - Tendrás un varón.

Ella se marchó llena de gozo, con un júbilo exorbitante después de tal promesa. Llegando a casa le contó a mi papá de inmediato sobre las grandezas del Señor.

Donde vivíamos "El viejo Rincón Llano" era un lugar remoto, atrasado, marcado por el verdor de las montañas y el frío constante.

Durante el embarazo mi mamá nunca fue a un médico, nunca se practicó una sonografía, es más ni siquiera ningún chequeo; solamente visitó un hospital para el momento del parto.

Llegado el día del alumbramiento, la palabra de Dios comenzó a cumplirse. Efectivamente había nacido un hijo varón como lo había anunciado aquel hombre, que en ese día oraba con fervor en el nombre del Dios Altísimo.

Recuerdo que desde mis tres años de edad mi madre siempre me narraba este hecho. El acontecimiento de mi llamado. Dios me llamó desde el vientre de mi madre.

Ahora quiero compartir una gran verdad, quizás no muy alentadora pero cierta. Con ella pretendo que usted se ponga en alerta." **Aprovechen el momento presente, porque estos tiempos son malos". (Efesio 5, 16).** Cuando Dios tiene un propósito especial con usted el enemigo buscará toda la forma posible para desviar el mismo.

Que mi mamá me relatara que yo iba a ser un profeta del Dios Altísimo me llenaba de alegría, rebozaba mi ser de gozo más tuve que enfrentar una adversa realidad. Realidad que solo para aquellos que tienen fe o que conocen de la dimensión espiritual podrán creer.

Desde mis tres años de edad venía en manos o era influenciado por un espíritu de desenfreno sexual, a penas tengo memoria de lo que hacía pero si se que a esa corta edad y en los años posteriores no había señora que pasara por mi lado que no produjera en mi atracción sexual, incluso ese deseo maligno era más fuerte hacia mis tías. Por mucho tiempo cargue con esta atadura, más soy testigo fiel de que Dios siempre estuvo conmigo.

Querido hermano, amadísima hermana ignoro de que haya alguna atadura en tu vida más si la hay quiero que hoy te levantes en fe y creas que Dios tiene poder para liberarte.

Repite esta oración conmigo y deja que Dios pelee la batalla por ti **(Éxodo14, 14)** ustedes solo verán y Dios peleará por ustedes. Permite que Dios pelee hoy la batalla de tu felicidad.

Amadísimo Padre, Rey celestial, Creador del cielo y de la tierra; en este día, me postro ante ti, y te pido en el nombre de Jesús que si hay en mí alguna atadura (si se conoce la atadura mencionarla) que me esté impidiendo escuchar tu llamada hoy, tú la rompas. Te pido por la sangre de tu hijo Jesucristo que me libere de todo pecado, de todo desorden emocional y espiritual, de cualquier cosa que me lleve a la pecaminosidad. Yo sé, yo creo que tú tienes poder y que nada hay imposible para ti. Me abandono en tus santas y poderosas manos, haz que desde hoy yo sea una persona libre, sabes Señor que aunque te he fallado yo te amo y por eso te ruego, que me ayudes, concédeme hoy la liberación y dame tu gracia para que yo pueda servirte con todas mis fuerzas.

Amén.

Mi abuelo Yiyo y mi abuela Marta. De ella heredé mi fe.

Para cuando viene a tener cinco años de edad, ya la familia había crecido, lo que comenzó como manda Dios con la unión de un hombre y una mujer yo contaba con seis miembros. Tres niñas hermosas: Maurelis, Mireli y Rosairis Adornaban aquel hogar.

A esta edad, con tres hermanas más pequeñas fue cuando por primera vez empecé a ver lo sobre sobrenatural. Lo que para mí era sin duda algo desconcertante. Personas que en el pasado trataron de tener algún tipo de relación o noviazgo con mi papá y mi mamá se habían ido a brujos y hechiceros para con sus brujerías y hechizos destruir a aquella unión matrimonial sin importarle lo dicho por la palabra. **(Lo que Dios ha unido no lo separe el hombre).**

Antes de continuar el relato quiero precisarle un dato que considero muy importante, pues, a partir de aquí, usted empezará a formarse una nueva conciencia.

Cuando tenía dos años y mi hermana Maurelis a pena meses de nacida, sucedió entre mis padres, lo que hoy considero el monstro que está acabando con los hogares y los matrimonios. Él le fue infiel, con una mujer que estaba casada con un hombre que para ese entonces estaba postrado en una cama muriendo de SIDA. Este trauma, esta herida causó mucho daño a este joven matrimonio, pues muchas de las cosas que sucedieron posteriormente incluso varias separaciones y veinte y dos años después una separación definitiva.

Ella no podía perdonar tal falta y menos después de haberse jurado ante el altar santo fidelidad hasta la muerte. La primera separación fue muy dura, apenas tenían tres años de casados, yo muy pequeño y mi hermanita en brazos, así se figura en una vieja fotografía que mi madre conserva.

Sola en casa con nosotros dos tan pequeños y el pasando con su amante casi frente a donde vivíamos como si nada. Esto fue en múltiples ocasiones.

Cuánto dolor el de esta pobre mujer, abandonada, traicionada, engañada, burlada… Después él de tanto aconsejarle decidió dejar aquella mujer y volver a casa, pedir perdón y retomar su papel de padre de familia. Ella por su parte estaba totalmente negada, se cerraba a la gracia del perdón, incluso aunque después de mucho insistir asintió que estuviera otra vez en casa, los próximos veinte años cada vez que había cualquier disgusto o mal entendido este tema siempre afloraba.

Apreciado hermano, carísima hermana, las vivencias y observancias no han enseñado lo siguiente: después que se cae en la infidelidad en el matrimonio, aunque se continúe viviendo en un mismo techo y llevando una relación marital, y hasta se diga que se ha perdonado, es casi, cien por ciento probable que ya nada será igual. Le animo. Luche usted por su pareja y jamás permita que el lazo de confianza que una vez los unió se rompa. Sea valiente. Tentaciones habrá (no olvidamos la tiranía de la carne), no obstante recuerde usted que tenemos un Dios cuya gracia nos basta.

Si en su matrimonio se está viviendo esta situación, sin importar cuál de los dos haya fallado, trate de llegar a un acuerdo con su conyugue de venir a los pies de Jesús. Sólo el Señor puede sanar esta herida y hacer que la relación de pareja se mantenga en pie. A usted que falló le toca venir a él con corazón sincero, humillado y mostrando los frutos de un verdadero arrepentimiento.

CAPÍTULO IV
Lo SOBRENATURAL

...El episodio era repetitivo... cada día en mi casa, cuando las agujas del reloj marcaban las seis de la tarde, hora en la que en los días de invierno en el campo era muy oscuro. La noche espesaba y era muy notoria, no había energía eléctrica, ni tampoco lámparas luminiscentes o faroles.

A esto ahora empezaba a suceder lo horroroso, lo escalofriante. Lo que para mí y mis tres hermanas era una pesadilla. A veces dentro de la casa, a veces fuera de ella. Este era el lapso de tiempo que el maligno aprovechaba para manifestarse.

Algo muy bueno tenía la vida del campo. Al llegar la noche todos estábamos dentro, en el hogar.

Alucinaciones perversas parecía lo que acontecía: mi madre empezaba a decir, estoy mal, estoy mal, lo repetía y lloraba. Pasaban unos minutos, se dirigía a la tercera habitación de la casa (mi dormitorio) y allí caí de bruces al suelo, gritando que se estaba muriendo, que se la iban a llevar y que veía a un moreno fuerte de dientes muy blancos que se le aparecía. En ocasiones frecuentes le cambiaba la voz. Ya no hablaba ella, sino que como si tuviera otra persona dentro. Arrastrándose como serpiente y sin poder resistir aquella fuerza maligna parecía vencida y el espíritu que la atormentaba decía -Yo me voy de esta casa, y me voy a llevar a Alida porque ella es mía. Hoy me la llevo.

En la otra habitación en la de ellos, la del matrimonio, estaba mi padre. A él también le pasaba algo semejante. Gritaba que un dolor lo estaba matando. Desesperado con sus manos presionaba su estómago porque allí le dolía. Lloraba como un niño de pecho. Mis hermanas y yo les oíamos decir, -Ya no aguanto, esta noche me muero. Dios apiádate de mí. Virgen del Carmen no me dejes solo.

Mis hermanas y yo sin entender lo que estaba ocurriendo; no hacíamos más que llorar y lamentarnos. Surgían preguntas que invadían nuestras pequeñas e inocentes mentes ¿Cómo es que estaban bien y ya de repente se están muriendo? ¿Cómo explicar que no tenían nada y ahora no se puede levantar del piso con un dolor tan fuerte? ¿Y mami porque habla con una voz que no es la de ella y dice que se va y nos va a dejar solos?

Era aquí viviendo esto, sin saber qué hacer, que recordaba mi llamado. Siempre y como buena costumbre íbamos a la iglesia los domingos a la celebración de la palabra. En ocasiones llegue a escuchar lo que Dios hacía a través de los profetas: **Prodigios (1 Reyes 18 38). Contestó Elías: «No soy yo la peste de Israel, sino tú y tu familia, que han abandonado los mandamientos de Yavé para servir a Baal. Ahora bien, manda que se reúnan conmigo en el monte Carmelo todos los israelitas y los cuatrocientos cincuenta profetas de Baal a quienes mantiene Jezabel.» Ajab avisó a todo el pueblo de Israel y reunió a todos los profetas de Baal en el monte Carmelo. Entonces Elías se dirigió a todo el pueblo:**

«¿Hasta cuándo van a danzar de un pie en el otro? Si Yavé es Dios, síganlo; si lo es Baal, síganlo a él.» El pueblo quedó callado.

Entonces Elías les dijo: «Yo solo he quedado de los profetas de Yavé. En cambio los profetas de Baal son cuatrocientos cincuenta. Que nos den dos novillos; que ellos elijan uno, que lo despedacen y lo pongan sobre la leña para el sacrificio sin prenderle fuego. Yo haré lo mismo con el otro y lo pondré sobre la leña sin prenderle fuego. Ustedes, pues, rogarán a su Dios y yo invocaré el Nombre de Yavé. El verdadero Dios es el que responderá enviando fuego.» El pueblo respondió: «Está bien.»

Entonces Elías dijo a los profetas de Baal: «Elíjanse un novillo y prepárenlo primero ustedes, ya que son más numerosos, e invoquen el nombre de su dios.» Tomaron el novillo, lo prepararon y estuvieron rogando desde la mañana hasta el mediodía, diciendo: «Baal, respóndenos.» Pero no se oyó ni una respuesta, y danzaban junto al altar que habían hecho.

Cuando llegó el mediodía, Elías empezó a burlarse de ellos, diciendo: «Griten más fuerte, cierto que Baal es Dios, pero debe estar ocupado, debe andar de viaje, tal vez está durmiendo y tendrá que despertarse.» Ellos gritaron más fuerte y, según su costumbre, empezaron a hacerse tajos con cuchillo hasta que les brotó la sangre.

Pasado el mediodía cayeron en trance hasta la hora en que se ofrecen los sacrificios de la tarde, pero no se escuchó a nadie que les diera una respuesta o una señal de aceptación. Entonces Elías dijo a todo el pueblo: «Acérquense a mí.» Todos se acercaron a él. Arregló el altar de Yavé, que había sido destruido, tomó doce piedras, según el número de las tribus de los hijos de Jacob, a quien Yavé se había dirigido para darle el nombre de Israel, y levantó un altar a Yavé; en seguida hizo alrededor del altar una zanja que contenía como treinta litros, acomodó la leña, descuartizó el novillo, y lo puso sobre la leña. Ordenó entonces: «Lleven cuatro cántaros de agua y échenla sobre la víctima y sobre la leña.» La echaron y Elías dijo: «Otra vez.» Y tres veces hicieron lo mismo. El agua corrió alrededor del altar y hasta la zanja se llenó de agua.

A la hora en que se hacen los sacrificios, la tarde, se acercó el profeta Elías y oró así: «Yavé, Dios de Abraham, de Isaac y de Israel, que se sepa hoy que tú eres Dios en Israel y que yo soy tu servidor y que por orden tuya he hecho todas estas cosas. Respóndeme, Yavé. Respóndeme y que todo el pueblo sepa que tú eres Dios, y que tú conviertes sus corazones.» Entonces bajó el fuego de Yavé, que devoró al novillo del sacrificio y la leña, y absorbió el agua de la zanja.

Resucitar muertos (2 Reyes 4, 8- 37). Un día que Eliseo pasaba por Sunam, una dama lo invitó a comer. Y después, siempre que viajaba a ese pueblo, iba a esa casa a comer. La dama dijo entonces a su marido: «Mira, este hombre que siempre pasa por nuestra casa es un santo varón de Dios.
Si quieres le hacemos una pequeña habitación en la terraza, y ponemos en ella una cama, una silla y una lámpara. De esta manera, cuando venga a nosotros, podrá quedarse y descansar.»

Un día pasó Eliseo. Se fue a la habitación de la terraza y se acostó. Luego dijo a Guejazí, su muchacho: «Llama a la dueña de la casa.» Vino ella a la llamada y se detuvo ante Eliseo, quien le dijo: «Por todo lo que te molestas por nosotros, ¿qué podemos hacer por ti?, ¿quieres que hable por ti al rey o al jefe del ejército?» Ella respondió: «No me falta nada en este pueblo.» Eliseo dijo entonces a Guejazí: «¿Qué podemos hacer por ella?» Respondió el muchacho: «Ella no tiene hijos y su marido ya es viejo.» Eliseo, pues, le dijo: «Llámala.» La llamó el muchacho y la dama se paró en la puerta. Eliseo dijo: «El año próximo, por este tiempo, tendrás un hijo en brazos.» Ella le contestó: «No, mi señor, hombre de Dios, no engañes a tu servidora.»

Sin embargo, la mujer dio a luz un hijo, justo en el tiempo que le había dicho Eliseo.

Creció el niño. Un día fue a ver a su padre, que estaba con los segadores, y tuvo un dolor de cabeza muy fuerte. El padre ordenó a un muchacho: «Llévaselo a su madre.» Este lo tomó y lo llevó a la madre. La madre lo tuvo sobre sus rodillas hasta el mediodía, y murió. Entonces la madre subió y lo acostó sobre la cama de Eliseo. Cerró la puerta y salió. Luego llamó a su marido diciéndole:

«Mándame una burra y uno de los muchachos. Voy a salir donde el hombre de Dios y vuelvo.»

El preguntó: «¿Por qué vas donde él? No es la luna nueva, ni sábado.» Pero ella dijo: «No te preocupes.» Hizo aparejar la *burra, diciéndole a su criado: «Guíame y no te detengas sin* que yo te diga.» Llegó al monte Carmelo, donde el hombre de Dios. Eliseo la vio de lejos y dijo a su muchacho: «Ahí viene nuestra sunamita. Así que corre a su encuentro y pregúntale: ¿Tú estás bien? ¿Tu marido está bien? ¿El niño está bien?» Ella respondió: «Bien.»

Llegó hasta el hombre de Dios y se abrazó a sus pies. Entonces se acercó Guejazí para separarla, pero el hombre de Dios le dijo: «Déjala, porque su alma está amargada y Yavé no me lo hizo saber ni me ha revelado el motivo de su pena.»Ella dijo: «¿Acaso te había pedido un hijo? ¿Por qué me has engañado?» Eliseo dijo a Guejazí: «Prepárate, toma mi bastón y vete. Si te encuentras con alguien, no te detengas a saludarlo, y si alguien te saluda, no le respondas. Y apenas llegues pondrás mi bastón sobre la cara del niño.»

Pero la madre del niño dijo: «Juro por Yavé y por tu vida que no te dejaré.» Entonces Eliseo se levantó y fue tras ella.

Guejazí había ido adelante y había puesto sobre la cara del niño el bastón, pero el niño no dio señales de vida, de modo que volvió donde ellos y dijo: «El niño no se despierta.»

Cuando llegó Eliseo a la casa, el niño muerto estaba acostado en su cama. Eliseo entró y cerró la puerta tras de sí, y oró a Yavé. Luego se acostó sobre el niño, puso su boca sobre la boca del niño, sus ojos sobre los ojos, sus manos sobre las manos, y el calor volvió al cuerpo del niño. Eliseo se puso a caminar por la casa, de un lado a otro. Luego volvió a acostarse sobre el niño hasta siete veces, y el niño estornudó y abrió sus ojos. Eliseo entonces llamó a Guejazí y le dijo: «Llama a la dama.» Y, cuando llegó, Eliseo le dijo: «Toma tu hijo.» Ella se postró a sus pies y luego salió, llevándose al hijo). Sanaciones. 2 Reyes 5, 1 al 19 (Naamán era el jefe del ejército del rey de Aram. Este hombre era muy estimado. Gozaba del favor del rey porque Yavé se había valido de él para conducir a la victoria el ejército de los arameos. Pero este valiente estaba enfermo de lepra.

Un día, unos soldados arameos entraron al país de Israel y se llevaron cautiva a una muchachita, que quedó al servicio de la mujer de Naamán.

Ella dijo a su patrona: «Ojalá mi señor se presentara al profeta que hay en Samaria, pues él le sanaría la lepra.» Fue entonces Naamán ante el rey y le dijo: «Esto dice la muchachita que me trajeron de Israel.»Le dijo el rey de Aram: «Anda donde el profeta y además mandaré una carta al rey de Israel.» Naamán, pues, se fue tomando diez barras de oro, seis mil monedas de plata y diez vestiduras. Al llegar entregó al rey de Israel la carta, que decía: «Te presento a mi servidor Naamán para que lo sanes de su lepra.» Al leer la carta el rey, rasgó sus vestidos para manifestar su indignación: «Yo no soy Dios para dar muerte o vida. ¡Y el rey de Aram me manda a este hombre para que lo sane! Reconozcan y vean que busca pretextos de guerra.»

El hombre de Dios, Eliseo, supo que el rey de Israel había rasgado sus vestidos, y le mandó a decir: «¿Por qué has rasgado tus vestidos? Que el hombre venga a mí, y sabrá que hay un profeta en Israel.» Naamán, pues, llegó con su carro y sus caballos, y se detuvo ante la casa de Eliseo. Eliseo mandó un mensajero a decirle: «Anda al río Jordán y lávate siete veces, y tu carne se volverá como antes y serás purificado.» Naamán se enojó y se retiró. Había pensado: «A mi llegada saldrá personalmente a encontrarme, se detendrá y rogará a Yavé. Con su mano tocará la parte enferma y quedaré sano.

¿Acaso no son mejores el Abaná y el Farfar, ríos de Damasco, que toos los ríos del país de Israel? ¿No podría bañarme en los ríos de Damasco para mejorarme de la lepra? Sus servidores se acercaron a él cuando se iba, y le dijeron: «Padre, si el profeta te hubiera mandado hacer una cosa difícil, ¿no la habrías hecho? Y ¡qué fácil es bañarte, como el profeta te ha ordenado!» Naamán aceptó bajar al Jordán y se bañó siete veces, como le había dicho Eliseo. Su piel se puso suave como la de un niño y quedó purificado. Entonces Naamán regresó al hombre de Dios con toda su gente. Entró y le dijo: «Ahora sé que no hay en el mundo otro Dios que el de Israel. Te pido que aceptes estos regalos de parte de tu servidor.» Pero Eliseo contestó: «Lo juro por Yavé, a quien sirvo: no los aceptaré.» Y por más que Naamán insistió, no aceptó sus regalos. Entonces Naamán le dijo: «Ya que te niegas, permite que se me den unos sacos de tierra de tu país, la cantidad que puedan cargar dos mulos. La usaré para construir un altar a Yavé, pues a ningún otro ofreceré más sacrificios. Solamente acompañaré a mi rey cuando vaya al templo de su dios Rimón. El se apoya en mi brazo, y yo me postraré con él; que Yavé me perdone esto.» Eliseo le respondió: «Vete en paz». Y Naamán se fue...

Sin olvidar lo que se narra en el evangelio sobre lo que hacía Jesús.

Cuando estas fuerzas malignas comenzaban a actuar en mis padres (esto era casi a diario al caer la tarde), entonces pensaba en lo que me decía mi mamá y que yo creía: "Que Dios me había dicho que iba a ser un profeta".

Mi abuela una mujer de fe, de mucha oración, católica activa siempre, desde muy pequeño me enseñó a rezar, a orar con el Santo Rosario, una oración a San Miguel Arcángel, al ángel de mi guarda. A ella debo hoy gran parte de mi fe.

Amado hermano, apreciadísima hermana, antes de continuar la historia quiero que usted haga conmigo esta oración de sellamiento.

En el nombre poderoso de Jesús mi Señor, yo clamo y reclamo su preciosísima sangre, la que fue derramada por nuestros pecados en el madero. Pido Jesús que tu sangre me selle. Selle este lugar, la atmósfera, el fuego, la tierra, el abismo, el agua, el aire, las fuerzas malignas de la naturaleza y del mundo de abajo.

Sello con la preciosa sangre de Jesucristo mi espíritu, mi alma, mi mente, mi cuerpo, sello mi pasado, mi presente, mi futuro y me abandono en tus manos llagadas amadísimo Jesús. Lo que soy, lo que tengo, lo que amo, mis sueños, lo que quiero, mis proyectos, los cubro con tu sangre de amor Señor Jesús, también sello con tu sangre buen Señor a todos los presentes, a mis familiares, amigos y personas a las que amo y a todas aquellas personas encomendadas a mis oraciones.

Amén.

CAPÍTULO V
La batalla

La manifestación del maligno era un hecho real y eminente, más aunque se manifestara, hoy por hoy damos testimonio de que Dios jamás nos desamparo y puedo decirle a usted querido hermano que quizás está pasando por alguna situación difícil; Dios nunca le desamparara. *(Podrán moverse las montañas pero mi amor a hacia ti no se moverá. Isaías 54, 10).*

No fue fácil lo que nos toco vivir desde niños, no obstante ya lo dice la escritura. **Todo obra para bien. (Romano 8,28).** En aquel momento cuando el maligno tenia a mis padres cada uno en una habitación y postrados en el suelo, llegaba a mí una fuerza enorme, venida de arriba, y una voz potente que me gritaba "eres profeta de Dios". Esta voz producía en mí un sentimiento tan hermoso que me hacia llorar hasta más no poder. Llorando también porque veía lo que le pasaba a los dos seres que más amaba en este mundo, esa fuerza venida de lo alto me tomaba, de golpe me abalanzaba encima de mi madre, clamaba sobre ella el nombre de Dios y orando lo poco que mi abuela me había enseñando, en ese instante y por esa noche el maligno se iba y dejaba a mi mamá.

No sabía orar mucho. Hoy apenas recuerdo que con lágrimas que mojaban todo mi rostro decía; Señor Jesús, yo creo en ti, ven y por tu mano sanadoras sobre mami. Sánala. Tú puedes. Virgen María la pongo en tus manos y San Miguel Arcángel te lo pido ven echa al demonio. Creo que esta oración tan simple pero hecha de corazón provocaba que Dios siempre me mirara con beneplácito.

Dejando la habitación de mi mamá, mis hermana se quedaban cuidándola y movido por aquel gran poder, llegaba donde mi papá, allí le escuchaba decir la repetida frade ¨ me estoy muriendo¨. Me llenaba del espíritu de Dios, me precipitaba sobre él, imponía mis manos en su vientre, oraba al Padre, pidiendo nueva vez la presencia de Jesús, la Virgen y San Miguel Arcángel y eso bastaba.

Pasados unos minutos. Terminaba el llanto y el dolor y empezaba a reinar en toda la casa la paz. Creemos firmemente que la paz que reinaba venia del Señor.

En algún momento de su vida, estoy seguro hermano que usted también ha visto la mano de Dios actuar, si es así entonemos juntos con el salmista dando gracias al Señor.

"**Este es día que actuó el Señor sea nuestra alegría y nuestra gozo. La gracias al señor porque es bueno, porque es eterna su misericordia**". (Salmo 118).

Estos sucesos seguían repitiéndose y era casi a diario. Al pasar del tiempo llegamos a ver como la situación iba empeorando, ya para mi siete años me vi envuelto en grandes batallas, sin embargo fueron los años donde más fuerte he sentido la presencia de Dios. No les puedo detallar todo lo que viví pues dijo San Francisco "quien no tiene secretos con el Señor es un tonto" más si puedo decirle fueron días de gloria.

Hubo batallas que me tomaron horas, yo imponiendo la manos y orando y mis tres hermana atrás de mi llorando y únicamente diciendo "bendito y alabado sea el Señor" a esta frase escuchaba que le agregaban Señor Jesús sana a papi y mami ¡cuánta fe y con cuanta sinceridad clamábamos a Dios!

Unas manifestaciones también ocurrían a plena luz del día e incluso muchas ocurrieran delante de otras personas.

Fueron muchas veces que llegue a ver a mi papá dejar el trabajo en el conuco por mitad, para irse corriendo a casa antes de quedar tendido donde no había nadie que pudiera auxiliarlo, como si el mismo Dios le avisara que estaba a punto de ponerse mal. También fui testigo de cómo mucha veces no le daba tiempo de llegar a casa y en el camino pasaba alrededor de una hora como muerto en el suelo.

En cuanto a mi mamá, una noche estábamos todos donde mi abuela, también algunas tíos, hermanos de mi papá. A la hora de la cena ella decide ir al baño que quedaba a unos metros de la casa (así era en el campo antes). De allá se oye un grito, mi papá salió corriendo y los que estábamos allí presente, vimos como la traía en brazos, rígida como un cadáver.

Unos gritos escalofriantes, tan potentes que parecían sirena de ambulancia, era lo que se escuchaba… cuando estuvo mejor, le preguntaron qué había pasado, a lo que respondió –un hombre moreno se me apareció y me dijo que me iba a llevar, de ahí no supe donde quede, ni supe más de mí.

Les comparto que no solo oraba por mis padres sino que sentía gran inclinación a orar por las personas mayores que estaban enfermas. Puedo decirle con toda certeza que al orar por aquellos viejitos, el Señor siempre me escuchaba, pues después de terminada la oración el alivio en ellos era de inmediato.

Hago especial alusión a una señora que para mí fue una santa, hace ya varios años de su partida a la casa del Padre. (No puedo evitar llorar al recordarla). Jamás podre olvidar su amor tierno y sincero hacia mí. Guardo la gran esperanza de un día encontrarla en el cielo y que el Señor me conceda la gracia de abrazarla y decirle cuanto la amo. Todos le decíamos tía Coyín.

Por más de quince años la vi sufrir, llorar, confesar con su boca que no podía con el dolor físico que la embargaba, tenía en cada uno de sus tobillos, dos llagas que durante todo ese tiempo se mantuvieron abiertas. Sufría en carme viva. Verla conmovía mis entrañas .Muchas veces llegue a ocultarme bajo una mesa o bajo una cama a llorar por como la veía. Allí debajo de aquellos muebles aprovechaba para pedirle a Dios que sanara a tía Coyín. En ocasiones le vi desmayarse y pedía al Señor que me permitiera tomar su lugar, me partía el alma verla así.

Anciana de sufrimiento pero siempre pendiente de su Señor. Tenían en la casa dos imágenes del corazón de Jesús, una en la sala, otra la tenía en su habitación y cada día al levantarse se dirigía a su Señor ante esta imágenes y de lo primero que se percataba era que la flores que le había puesto el día antes; tomada del pequeño jardín que estaba en frente a la casa, no estuvieron marchitas.

Como olvidar este gran gesto, como olvidar su desvelo por mantener la imagen del Señor siempre adornadas de bellas y naturales flores, como olvidar que en medio de su dolor jamás renegó de su fe, jamás se quejo del Señor, cuando más lo que le escuche decir fue corazón de Jesús ten misericordia. Y en los momentos de mas dolor un simple ¡Ay ombe!

Jesús alternaba en mí el carisma de sanación y liberación. En los momentos de lucha contra el maligno, el señor nunca le falto a su palabra .Tal cual quedo plasmado en el salmo 114.

**Amo al Señor, porque escucha
mi voz suplicante,
porque inclina su oído hacia mí,
el día que lo invoco.**

**Me envolvían redes de muerte,
me alcanzaron los lazos del abismo,
caí en tristeza y angustia.
Invoqué el nombre del Señor:
«Señor, salva mi vida».**

**El Señor es benigno y justo,
nuestro Dios es compasivo;
el Señor guarda a los sencillos:
estando yo sin fuerzas me salvó.**

**Alma mía, recobra tu calma,
que el Señor fue bueno contigo:
arrancó mi alma de la muerte,
mis ojos de las lágrimas,
mis pies de la caída.**

**Caminaré en presencia del Señor
en el país de la vida.**

Desde los siete y hasta los catorce años presencié lo más fuerte que he visto hasta hoy, las luchas eran constantes, las manifestaciones abundantes sin embargo algo bueno resulto de esto; El rezo del Santo Rosario.

En casa yo solo hacia el santo rosario, aunque mi padre y mi madre habían crecido en hogares de fe católica y donde se rezaba el santo rosario a diario, ellos dejaron de practicarlo, desde que se casaron hasta mis siete años de edad, sin embargo, como mi abuela me había enseñado a rezarlo y como un día escuche que el maligno huía a la oración, un buen día aproveche para preguntar en casa porque nosotros no hacíamos el santo rosario. No encontraron que decirme y tratando de evadir mi pregunta, mi mamá dijo -en la noche vamos a hacerlo.

Cuando llegó la noche y ya la hora de rezar, en mis adentros, al verlos, me daba risa, aunque no me atrevía a externarlo. Veía como siendo tan pequeño podía rezar perfectamente el rosario, sin embargo ellos en muchas partes se quedaban callados porque no sabían que decir. Tenía que dirigirlos.

El rezo del santo rosario nos dio buen pie en la lucha contra el maligno y así no tenía que rezar solo con mis hermanas cuando el tentador quisiera atacar sino que ellos también rezarían.

En los días presentes, el rezo del santo rosario se ha echado al olvido, muchos lo consideran como una práctica antigua y obsoleta, no obstante hermano quiero instarle a que se haga amigo, de la Santísima Virgen María con esta oración y verá usted que por el poder que le dio el Padre, por la sabiduría que le concedió el Hijo y por el amor que le ha otorgado el Espíritu Santo, ella siempre estará pendiente de sus ruegos y suplicas.

CAPÍTULO VI
UNA FE QUE COMIENZA A MORIR

A mis diez años de edad tuve que dejar mi casa para poder continuar con mis estudios, pues la escuela rural Rincón Llano solo llegaba hasta cuarto grado de primera. Apartarme de mi familia y a esa edad fue muy duro para mí pero había un objetivo, seguir estudiando.

Me inscribieron en la Escuela Primaria Juncalito. Este también era el nombre del nuevo pueblo en que iba a vivir. El proceso no fue fácil. Era algo nuevo. Mudarme con personas que no eran mi familia y a los cuales ni siquiera conocía.

Mi papá escucho decir que una señora necesitaba un muchacho para hacer "los mandados".

El vio esto como una gran oportunidad. Esta señora era la dueña de la cafetería de la escuela.

Extrañaba mi casa, me hacía falta mi familia, extrañaba el jugar con mis hermanas. Anhelaba el ir por los montes con ellas, montados en los caballeros de palos que nosotros mismos fabricábamos.

Cada día esta señora me levantaba a las cuatro de la mañana a hacerle compañía mientras ella preparaba las arepas que iban a salir para el desayuno escolar. Después, antes de las ocho tenía que salir a comprar los refrescos, los dulces, los desechables, etc. Y cada cosa en un lugar distinto; a pie y corriendo como caballo azotado por el fuete. Antes de que diera el reloj las diez de la mañana tenía que llevar toda la mercancía a la escuela que distaba a unos quinientos metros de la casa. Aquí les detallo algunas cosas de las que colgaba al hombro y esto por cuatro años consecutivos; doce envases de unos cinco litros aproximadamente de jugo, una nevera playera con hielo, dos envases contenedores de pan, un contenedor de arepas, un contenedor de salchichas , un envase de plátanos verdes fritos, dos bolsas grandes de dulces, una bolsa de desechables, seis botellas de soda de dos litros cada una y después de la venta, sin contar que si se acababa algo a medio recreo, ahí iba el pobre muchacho corriendo a buscarlo, había que regresar todo para atrás otra vez.

Solía en esta etapa acostarme todos los días a las seis de la tarde… Tengo mucho que agradecer a estas personas; me albergaron en su casa por cuatro años donde solo los fines de semanas y en vacaciones volvía a mi casa paterna.

Aquella familia no era gente de comunión, ni siquiera de ir a la iglesia, y poco a poco me fui acostumbrando a esa vida. Una vida sin Dios. Antes de vivir allá oraba mucho y con fervor, jamás me dormía sin tener algún dialogo con Dios, y cada domingo iba a la iglesia. Viviendo allí, deje de orar, me dormía sin acordarme de Dios, no iba a la iglesia y hasta deje de frecuentar los sacramentos que para mí son la vida misma del buen cristiano: la santa eucaristía y la reconciliación.

Al principio si mantenía mis buenas costumbres pero dos años después ya la vida de fe poco me importaba.

En mi familia las escenas de manifestaciones demoniacas continuaban, pues cada fin de semana cuando llegaba a casa había una nueva historia, con los mismos personajes pero cada vez más cargada de horror y espanto. Ahora sin mi era peor para mis hermanas.

Me contaron en una ocasión este hecho. Era a mitad de semana, mi mamá movida por una fuerza sobre natural salió corriendo gritando que se iba de la casa, esta vez recorrió camino de más de un kilómetro hasta que mi papá pudo alcanzarla y detenerla. Él con todas sus fuerzas trataba de impedir que siguiera su marcha, mientras ella le insistía que se iba para no volver. Dos voces se alternaban una que decía -Me voy y no vuelvo más y otra que clamaba – búsquenme a mi hijo que me ore, búsquenme a José Miguel que si él le pide a Dios por mí yo sanaré-. La otra continuaba hoy te llevo. Es a mi hijo que quiero, llámenlo, díganle que venga, si él viene estaré bien… y cuenta mi mamá que en la lucha llamándome sentía alivio. ¡Gloria a Dios! Gloria, Gloria a Él. Por los siglos de los siglos. Amén.

Viendo mis padres que la situación estaba empeorando, comienzan a visitar los grupos de oración carismática, se trasladaban de Rincón Llano hasta Puerto Plata, teniendo que salir de casa a las tres de la mañana, para abordar la guagua que a las cinco treinta salía de Juncalito para la mencionada ciudad.

A su regreso y en el fin de semana me contaban de los maravillas de Dios. Un buen día compraron un casete grabado entiempo real en aquel grupo de oración. Cosa más grande para mi esta. Cuando escuchaba esa grabación sentía en mí que el cielo estaba entre nosotros.

Escuchaba a quien predicaba en aquel audio reproducido decir -se están levantando paralíticos, se están sanando personas de SIDA, escuchaba decir personas atadas con brujería están quedando libres, escuche decir, Dios me muestra que está haciendo una cirugía a alguien ahora. Esto me hacía llorar tanto, alababa a Dios con todas mis fuerzas y con lágrimas que corrían como rio acaudalado, decía: Señor cuando yo sea grande esto quiero ser, quiero ser un gran predicador y que tú hagas muchos milagros a través de mí. Ir al sanar a los que sufren, a los que lloran, a los que padecen y no tienen con que ir a un médico. Dame Señor esta gracia… Y así se me iba el día pensando en el Señor.

No sé si tu caso sea como el mío, que un fuego ardiente te queme por dentro con deseos de servir al Señor, pero sí lo es te invito a hacer esta oración conmigo.
Señor Jesús aquí estoy, aquí me tienes, nueva vez me dirijo hacia ti, hoy una vez más he sentido arder mi pecho, te pido que me des la gracia de descubrir que tu quieres de mi y así pueda ser tu valioso instrumen-

to. Úsame Jesús, que pueda yo servir a la iglesia, a mi comunidad y a todos tus hijos que son mis hermanos. Mí anhelo hoy es servirte, llenarme de ti y concédeme salud de alma y de cuerpo para así darte lo mejor de mí. Padre se que lo puedes todo, más no se haga mi voluntad sino la tuya.

Amén

Aunque mis padres estaban buscando de Dios, los ataques e incidías del maligno continuaban. (Por lo general estas liberaciones conllevan un proceso de observancia y tratamiento de parte de personas designadas por la iglesia).

En este proceso aparece alguien, una persona de nuestra comunidad, un vecino, que enterándose de la situación les hablo a estas dos pobres víctimas, de una mujer (una bruja). Una mujer que según la gente no hacía daño a nadie, que lo de ella era solo ayudar y dar los números que iban a salir en la lotería para que la gente saliera de su mala situación. En aquella trampa satánica cayeron mis padres. Ahora estaban en dos aguas. Los martes para donde la bruja y el jueves para la asamblea de oración.

Le manifiesto este caso hermano querido porque muchas personas de fe muy pobre, caen en este error grave, cuando se ven acorralados por cualquier tipo de mal incluso aunque no sea de índole espiritual.

Recuerdo que en muchas ocasiones llegue a encontrar en casa botellas llenas de un líquido rojizo o verde, de olor no muy agradable; con ello vi a mi papá bañarse en varias ocasiones. También vi un día en la noche después del santo rosario, que tomo una botella llena de amoníaco y mezclándolo con azúcar crema rocío toda la casa. Esto según para alejar el mal espíritu.

Me encolerizaba al saber, al ver como mis padres estaban abandonando al Dios vivo, por otros espíritus seductores y de falsedad, sólo el Señor es capaz de liberarnos y restaurarnos.
Cuando el Señor hizo volver a los cautivos de Sión, nos parecía estar soñando; nuestra boca se llenaba de risa y nuestra lengua de gritos de alegría. Entonces entre los paganos se decía: "¡Qué grandes cosas no ha hecho el Señor por ellos!"

Sí, grandes cosas ha hecho el Señor por nosotros, rebosábamos de gozo.

Haz que vuelvan, Señor, nuestros cautivos, como riachuelos en tierras áridas.
Los que siembran entre lágrimas cosecharán entre gritos de alegría.

Se van, se van llorando los que siembran la semilla, pero regresarán cantando trayendo sus gavillas. (Salmo 126).

En cuanto a mi persona sucedió así: Alejado de Dios, sin comunión, sin ir al confesionario, sin rezar con el Santo Rosario, yéndome a la cama sin orar, ahora era vulnerable. El espíritu de desenfreno sexual que había en mí, empezó a crecer y prácticamente a dominarme.

Esta fuerza que era un tanto violenta y agresiva me iba dominando. Ahora más que pensar en Dios pensaba en sexo. Glúteos grandes, senos descotados eran mi debilidad.

En un tiempo como ya no me acordaba del Señor y como no recordaba a Aquel que me dijo: "antes de que te formaras en el vientre de tu madre, yo te conocía y te consagré y te destine para ser profeta de las naciones", creía que estaba bien y hasta decía yo quiero tener siete mujeres para estar con una diferentes cada día de la semana.

¡Cuánta ignorancia, cuanto delirio! Cómo puede uno dejarse usar tanto por el tentador, por aquel que desde el principio ha sido un homicida y un mentiroso.

CAPÍTULO VII
Vida Pública

En lo personal, por otro lado, la vida me sonreía, más ahora es cuando comprendo que todo era bendición del Señor y yo no lo reconocía, jamás tomé un momento para darle la gloria o agradecerle.

Admiro con gran consideración a aquellas personas que no sacan un pie de sus casas, o toman los alimentos y que a demás al regresar al hogar, se postran de rodillas, ponen todo en manos de Dios y dan gloria a Él.

Como estudiante sobresalía en todo, mis calificaciones me valían siempre estar en el cuadro de honor o de estudiantes meritorios. Me destaque pronto participando en las olimpiadas distritales y hasta regionales de matemáticas y otras materias, aunque mi favorita siempre fue ciencias naturales.

Destacado también en la participación artística, por las actuaciones, los guiones y teatros que escribía, componía e interpretaba. Siempre en un cuadro apuntando a la comedia. A la risa.

Mi madre, junto a mi padre con mi hermana Rosairis en brazos el día de su bautizo en la capilla Inmaculada Concepción.

Esto fue desde el 2002 hasta el 2008 cuando terminó mi educación media. La gente me aplaudía, me admiraba, reía con mis ocurrencias y cuando alguien me preguntaba sobre lo que hacía simplemente respondía "yo nací para hacer reír a la gente".

Ahora que he vuelto a dejarme encontrar por el Señor es que entiendo porque daba esta respuesta. Era algo que estaba en mi alma, escrito por el dedo de Dios en mi espíritu. Era un designio del Señor.

Entendí que ciertamente nací para hacer reír a las personas. Ya no vistiéndome de mujer, usando una minifalda y haciendo en un escenario el papel de prostituta. No con un micrófono en la mano profiriendo un lenguaje morboso y palabras de doble sentido; comprendí que nací para hacer reír a las personas pero anunciado el Reino de los Cielo.

El espíritu del Señor Yahveh está sobre mí, por cuanto que me ha ungido Yahveh. A anunciar la buena nueva a los pobres me ha enviado, a vendar los corazones rotos; a

pregonar a los cautivos la liberación, y a los reclusos la libertad; a pregonar año de gracia de Yahveh, día de venganza de nuestro Dios; para consolar a todos los que lloran, para darles diadema en vez de ceniza, aceite de gozo en vez de vestido de luto, alabanza en vez de espíritu abatido. Se les llamará robles de justicia, plantación de Yahveh para manifestar su gloria.

Edificarán las ruinas seculares, los lugares de antiguo desolados levantarán, y restaurarán las ciudades en ruinas, los lugares por siempre desolados. . (*Isaías 61, 1-4)*

Hoy soy feliz cuando predico, cuando hablo de Dios, cuando alguien se acerca a mí y me cuenta de las maravillas que por él ha hecho el Señor a través de nuestra predicación. Hoy soy feliz cuando veo que lo que están tristes reciben alegría, los enfermos son gratificados con la salud, lo matrimonios que estaban acabados tienen una nueva esperanza y los oprimidos reciben liberación en el nombre de Jesús. A Él la gloria por los siglos de los siglos.

Valiosísimo hermano, preciosísima hermana, antes de que usted fuera concebido, antes de ser un feto, un óvulo fecundado ya Dios tenía un designio para usted. Tenía trazado un plan perfecto escrito especialmente para usted. La triste realidad es que muchas veces nosotros por nuestra terquedad torcemos ese plan de Dios y por no hacer su voluntad entonces somos objetos de pruebas, de persecuciones y llega un momento que hasta sentimos perder la dignidad.

Hoy te invito a orar conmigo, pues el plan de Dios para ti se mantiene vigente pues Él es el eterno y desde la eternidad te conocía. Ore a Dios y pida que se manifieste en usted su santa voluntad.

Oremos con el Salmo 139.

Señor, tú me examinas y conoces, sabes si me siento o me levanto, tú conoces de lejos lo que pienso. Ya esté caminando o en la cama me escudriñas, eres testigo de todos mis pasos. Aún no está en mi lengua la palabra cuando ya tú, Señor, la conoces entera.

Me aprietas por detrás y por delante y colocas tu mano sobre mí. Me supera ese prodigio de saber, son alturas que no puedo alcanzar. ¿Adónde iré lejos de tu espíritu, adónde huiré lejos de tu rostro?

Si escalo los cielos, tú allí estás, si me acuesto entre los muertos, allí también estás. Si le pido las alas a la Aurora para irme a la otra orilla del mar, también allá tu mano me conduce y me tiene tomado tu derecha. Si digo entonces: "¡Que me oculten, al menos, las tinieblas y la luz se haga noche sobre mí!" Mas para ti ni son oscuras las tinieblas y la noche es luminosa como el día. Pues eres tú quien formó mis riñones, quien me tejió en el seno de mi madre.

Te doy gracias por tantas maravillas, admirables son tus obras y mi alma bien lo sabe. Mis huesos no te estaban ocultos cuando yo era formado en el secreto, o bordado en lo profundo de la tierra. Tus ojos veían todos mis días, todos ya estaban escritos en tu libro y contados antes que existiera uno de ellos.

¡Tus pensamientos, Dios, cuanto me superan, qué impresionante es su conjunto! ¿Pormenorizarlos? Son más que las arenas, nunca terminaré de estar contigo. ¡Ojalá, oh Dios, mataras al malvado y se alejaran de mí los sanguinarios, arman maquinaciones en tu contra y no toman en cuenta tus declaraciones! Señor, ¿no debo odiar a los que te odian y estar hastiado de los que te atacan? Con un odio perfecto yo los odio y para mí también son enemigos.

Examíname, oh Dios, mira mi corazón, ponme a prueba y conoce mi inquietud; fíjate si es que voy por mal camino y condúceme por la antigua senda.

Gloria al Padre, al Hijo y al Espíritu Santo. Amén.

Recuerde usted siempre "Dios es capaz de hacer todo lo que Él ha dicho que haría" (Romanos 4,20).

Fui un estudiante brillante. En cuanto a logros me siento realizado, sin una economía que me ayudara, con escases de todo, mucho pude sobresalir.

Se preguntará usted ¿se acordaría del Señor en algún momento? La respuesta es Sí. Cuando volvía a mi familia los fines de semana y me contaban lo que seguía aconteciendo entonces me acordaba de Dios.

Mis padres volvieron al grupo de oración a Puerto Plata y en momentos de orar por liberación e invocar la fuerza de Espíritu Santo, mi madre salió corriendo de en medio de la multitud y decía, no con su voz sino con otra -Me voy y gritaba con voz potente, ya no oren más. Tengo que irme. Yo no quiero a nadie. Mi padre que sale corriendo detrás de ella, logra sujetarla y le dice -Tranquilízate mi amor, Dios está con nosotros. A lo que ella respondía: -Usted se calla, yo no soy ningún amor suyo. Y comenzó a insultarlo.

Esta situación provocaba que durante el fin de semana me acordara de Dios, pero llegado el lunes otra vez era preso del mal deseo de la carne. Les explico esto, porque en mi situación hay muchos. Ojala usted no sea de los mismos: que tiene que pasar un mal episodio para acordarse de que de Dios somos y que a Él nos debemos.

Influenciado por este mal espíritu que solo me hacía vivir para las apetencias sexuales, así logré terminar satisfactoriamente la educación básica.

Muchas veces nos contentamos con los aplausos, las felicitaciones y dadivas de la gente, incluso muchas personas van detrás de esto, dándose el caso de una vida superficial y vacía.

Jesús nos enseñó, después de pasar treinta años en silencio, viviendo en el anonimato, en la simpleza del hogar, en lo humilde de una familia, bajo el cuidado de un carpintero; cuando decide salir al mundo a anunciar la Buena Noticia que nuestra vida no debe de estar orientada a lo superfluo si no a la coherencia de palabras y hechos.

Él al igual que nosotros, tuvo amigos, una familia, comía, bebía, dormía, en fin fue partícipe de nuestra naturaleza humana. Por tres años llevo una vida pública, no obstante, jamás busco aplausos o ser bien visto, todo lo contrario con amor siempre dijo la verdad y trato de llevar a los demás a la misma.

En su caminar fue tildado con muchos calificativos no muy agradables por parte de los fariseos y maestros de la ley. Comilón, borracho, lo acusaban de juntarse con pecadores y prostitutas e incluso de expulsar al demonio con el poder de Belcebú, pero Él no escatimo afrentas y continuo adelante con su misión para que en los días presentes esto nos sirviera de enseñanza. Dejándonos bien claro que somos diferentes a otros, que aunque tengamos habito distintos y costumbres desiguales y aunque otros estén corrompidos, nuestra vida ha de ser, en medio de ellos dar testimonio y en todo momento tratar de llevarlos al buen camino.

Los artistas del mundo, los cantantes de música secular, profesionales, actores, cineastas, científicos, abogados, doctores, etc. buscan la fama, el poder, el prestigio, corren detrás de la fortuna, no así el que ha conocido a Jesús. Quien se ha encontrado con Él pasa de ser un publicano a ser un discípulo. Teniendo como norte dar a conocer que el Reino de los Cielos está cerca.

Muchas personas son felices o aparentan serlo simplemente cuando están en un escenario o en público, mientras la realidad es todo lo contrario.

Le oriento... desde hoy su caminar debe tener como fin último el llegar a Cristo, teniendo en cuenta que aquí en la tierra sólo somos pasajeros y que nuestra patria definitiva está al lado del Padre.

Los misterios luminosos expuestos por San Juan Pablo II durante su pontificado son muestra latente de la vida pública de Jesús. Sigámoslo a Él. Imitémosle.

CAPÍTULO VIII
Normal para el mundo

Siendo ahora estudiante de educación media mi vida personal estuvo marcada por un sinnúmero de infortunios. Ejemplo de esto lo es el hecho de que al iniciar el primer año nadie quería hospedarme o darme albergue en su casa.

Mi papá hizo todo lo posible por conseguirme donde vivir, pues las personas con las que antes vivía ya no querían tenerme más, esto según por mi mal comportamiento e inventaron una excusa para despedirme de su casa. Excusa que sin duda a equivocarme era totalmente una mentira.

La primera semana de clase, después de mi papá tanto insistir, hecho que como adolescente me llenaba de vergüenza, una tía me acepta en su casa, con la única condición de que fuera por una semana. Ni un día más. Pasó la semana y mi papá no encontraba lugar para mí, y como no encontró casa alguna que estuviera disponible, se fue haciendo el desentendido del asunto y siguió enviándome donde mi tía.

Por dentro y de forma sigilosa seguía trabajando en mí y de manera más fuerte aquella debilidad que cargaba ¡cuánto peque y cuánto ensucie mi alma en aquel año!

Este período de educación fue muy bueno para mí pues por primera vez el ayuntamiento municipal organizaba una semana cultural, donde cada curso tenía una noche para presentar actos culturales y artísticos.

Siendo nuevos (los de mi curso) en la educación media muchos se burlaban de nosotros y surgió la competencia más a la hora de presentarnos y cuando hubo que elegir ganadores ahí estábamos nosotros. Mi grupo. Que con una imaginación excitada por el diario vivir y con las ocurrencias propias de adolescentes que gozaban con la plebería y la morbosidad y eso era lo que gustaba a la gente, la palabrería de doble sentido, arribamos hasta lo más alto. Fue buen año.

Terminado este período para iniciar el siguiente, otra vez estoy en una situación forzosa. Viví un calvario, solo que sin Jesús. Y no por Él. Él siempre estuvo, por mí, que nunca le busque. Mi tía habló con mi padre y le dijo que ya no podía tenerme más en su casa, que para iniciar el nuevo año buscara donde yo pudiera estar.

Otra vez el pobre que solo quería estudiar, superarse y llegar a ser un buen profesional se sentía rechazado, pero aquellos momentos siempre llegaban a mi mente un proverbio que mi profesora de matemáticas solía repetir muy a menudo "quién tiene un ¿porqué? Podrá resistir un ¿Cómo?".

La primera semana de este segundo año fue fuerte, pasé por lo que para mí era una humillación. Había en casa mula gacha, se les había des formado las orejas producto de una enfermedad, lo peor para mí era tener que montar esta mula y menos donde hubiera gente.

Esos primeros días y casi por diez consecutivos tenía que alternarme. Levantándome a las cuatro de la mañana para salir de mí casa en Rincón Llano para Juncalito a tomar las clases;

un día en un asno y otro día en la mula gacha para darles descanso.

Cuanto coraje y cuanta rabia me daba pasar por medio del caserío en aquella mula o en un burro, sin embargo, por estar pensando en mí jamás tomé un momento para detenerme a ver el gran sacrificio que mi padre hacía al levantarse antes de las cuatro de la mañana para buscar uno de aquellos animales en la cerca para que yo saliera a estudiar. Tampoco me fije en lo que le costaba a mi madre levantarse a esta misma hora a prepararme un café o un chocolate para que no saliera sin comer o tomar nada.

Sé que los tiempos han cambiado, que a usted quizás no le tocara andar en burro o en una mula con las orejas caídas, más quiero instarle a valorar lo que por usted hacen o bien, hicieron su padre y su madre. A veces nos quejamos y no nos damos cuenta que posiblemente eso sea lo mejor que ellos pueden darnos.

Muchas veces reclamamos y demandamos más de nuestros progenitores, pero nunca nos detenemos a ver el verdadero porqué y no sólo materialmente exigimos sino moral y afectivamente.

Cuantos se han quejado de no ser amado, de no ser querido, de que nunca tuvieron un papá, una mamá que supiera decirle te amo, o que le valorará como hijo o que en vez de reclamante tanto, al menos un día se fijaron en sus tareas, en cómo le fue en clase o que tan siquiera hubiera un detalle para el día de su cumpleaños.

Una vez inicié el camino del Señor, el sendero de la verdad, cuestionaba a mi padre sobre esto, especialmente a él, pues mi madre era un poco más afectiva. Solía interpelarlo diciéndole; Yo nunca recuerdo que siendo niño usted me cargara en sus piernas o que me dijera que me quería o que para algunos de mis cumpleaños siquiera me diera un abrazo. Hay un curso en la escuela de evangelización, (nos les diré cuál) Sagrado Corazón de Jesús que fundó el padre Emiliano Tardif, fundador también de la Comunidad Siervos de Cristo Vivo (CSCV) que me ayudó a sanar todas estas heridas causadas según mi propio juicio por mi padre.

Hoy que he profundizado más en los caminos de la fe puedo entender. No puede dar el que no tiene. Estoy seguro y más con la niñez de trabajo duro y forzado que vivió mi padre que a él jamás le tomaron en las piernas, jamás le dijeron Antolin yo te quiero. Jamás se acordaron de forma que lo manifestaran del día de sus cumpleaños. Dios bendiga a mi padre y a mi madre donde quiera que estén.

A usted querido lector, no juzgue a la ligera a su padre o a su madre, primero trate de hurgar en cuál fue su niñez y como vivió su adolescencia y estoy seguro de que a partir de allí encontrará grandes respuestas.

No sé si por suerte o por gracia o para que se cumplieran los designios del Señor, mi abuela, movida por la compasión decide hablar con el esposo de una hija de mi tía, su nieta, donde vivía el año anterior para que me permitiera vivir en su casa.

El hecho es que vivían en una casa prestada y antes de dar una respuesta debían hablar con el dueño de la casa. El esposo de mi prima por su parte, por el cariño y respeto que le manifestaba mi abuela, era casi imposible declinar a esta petición. Finalmente me permitieron vivir allí.

¡Cuánto pasar! no obstante me alentaba la esperanza de que cada día que transcurría era uno menos para alcanzar mi meta.

En el ámbito social, personal, espiritual, siempre y de forma natural e inevitable surgirán las competencias. Las victorias o las derrotas están en nuestras manos.

En lo social. Existirá siempre la demanda de mejores ciudadanos, mejores amigo, mejores compañeros, mejores profesionales, etc. Nos podría ahora surgir la interrogante ¿estoy dando lo mejor de mí para que la sociedad en la que me muevo sea más equitativa, juiciosa y justa? Aun con sacrificios, en lo cotidiano podemos marcar la diferencia. Digo en medio de sacrificios porque nada en este mundo, excepto el don de Dios es gratuito.

En lo personal, existe el reto de ser mejor consigo mismo. Muchas personas son su propio verdugo y causantes de sus propias desgracias. Si se han equivocado, no se perdonan. Se atan a cosas que le lastiman toda una vida. Si no logran algo, se martirizan por siempre. Si han tomado una mala decisión, se anclan en ella a tal punto que hay que buscar hasta ayuda profesional. A veces, arrastramos el pasado y nos cohibimos de vivir a plenitud el presente. Que es lo único que tenemos. Personalmente seré victorioso cuando aprenda a perdonarme, (si Dios me perdono ¿Por qué no puedo hacerlo conmigo mismo?). Dejar a un lado el pasado y saber que las malas decisiones pueden convertirse en las mejores maestras.

Mi gran meta ha de ser: no hacerme daño. Quien se ama así mismo ha experimentado el amor de Dios y el mismo Señor le dará la capacidad para amar a los demás.

Transcurrió un año más y satisfactoriamente fui promovido. Paradoja de la vida, iba llenándome de conocimiento y vaciándome de Dios.

Recuerdo de bachiller. Haciendo el papel de militares para el acto de independencia. Mi gran amigo Amauris, Mi primo Dauly y Yo.

Otro año que iniciaba y nueva vez el mismo episodio, (ya esto se volvía molesto) de nuevo no podían seguir teniéndome en aquella casa. En cada hogar que viví no hubo una aportación significativa económica de parte de mi padre, el simplemente y quizás bimensualmente se encargaba de proveer de legumbres toda la familia en donde me alojaba.

En esta ocasión vine a parar en la Norita, un pueblo que dista a unos siete kilómetros de la escuela, donde una hermana de mi abuela, tía de mi papá. Este recorrido tuve que hacerlo durante un año escolar todos los días a pie.

Despertando a las seis de la mañana para que alcanzara el tiempo de llegar temprano a clase, en días donde la temperatura o el estado climático no favorecía en nada.

Principalmente en las mañanas de invierno el asistir a clases era un tanto caótico, por lo general siempre llovía y en verano un sol fulgurante resplandecía desde muy temprano.

Con unos zapatos agujereados (los únicos que tenía), por la parte inferior, en los días de aguas torrenciales, mis pies se mojaban totalmente y el lodo que entraba dentro de ellos me hacía una mezcla que parecía un flan negro. Así tenía que pasar el día en un salón de clases. Muchas veces el mal olor me delataba.

Este lapso de tiempo fue muy positivo en cuanto a mi crecimiento personal Pero fue un año perverso. Como estudiante tuve la oportunidad de destacarme tanto en el centro educativo (a nivel interno), como fuera de él, (a nivel externo), en varias competencias y concursos. Entre ellos el primer festival de teatro escolar, auspiciado por la oficina senatorial de Santiago y el modelo internacional de las naciones unidas de la secretaría de estado de educación en los que obtuve excelentes resultados.

Desde pequeño sentía pasión por la escritura, pero en esos años, me interese más, las obras literarias que leíamos en la escuela me hacían enamorar. Al leer un libro me podía dar cuenta cómo podíamos entrar en ese mundo plasmado con tinta y simple hojas por la mente de un autor.

Influenciado por los cuentos del profesor Juan Bosch, los escritos de Gabriela Mistral, y de Gabriel García Márquez, comienzo a escribir. Apasionando por este arte, me levantaba todos los días con una vela y cerillos en manos para en la espesura de la madrugada, tres o cuatro de la mañana a empezar a escribir.

Durante más de año y medio practique este acto a diario. Siendo la narrativa corta mi deleite. Me deje seducir por la escritura y ahora no tenía otro norte. Quería tener, ganar un premio NOBEL de literatura. Anhelaba brillar ante el mundo. Creo que soñé y me ilusione de más, y está bien el soñar, el ilusionarse, lo que sucede, es que solos y sin preparación es muy difícil abrirse camino, Cosa que cuando me deje alcanzar por el Señor cambió radicalmente. Ya no me interesa un premio en esta tierra, me interesa ganar la corona de vida, que jamás se marchita.

Escribí en este tiempo por lo menos tres novelas y dos cuentos, sin mencionar los escritos de teatro que aún guardo como recuerdo.

Mi gran sueño… ser un gran escritor. Sigo apasionado por la escritura, pero sin la mira en ser ¨el gran¨, sino un hermano a quien Dios inspira para escribir a las almas, esto quiero ser: un escritor de la salvación. Un apuntador de la Buena Nueva.

La escritura y la actuación eran mi pasión. En algún momento quise irme a México, para convertirme en actor de telenovelas o más en un gran director de filmes.

Entre mis primeros escritos, hay una novela que conservo, titulada "La travesía" Narra la vida de los ilegales, aquellos que luchan contra todo peligro arriesgando su vida, saltando al agua del mar en una yola. Para mí esta era una novela hermosísima y por lo real e imaginativo que posee creo que de seguro iba a conseguir mi NOBEL. ¡Qué locura!

Estas competencias literarias, el estar en un grupo de teatro, en el modelo de las naciones unidas, me absorbía todo el tiempo. Adicionando a esto las tantas tareas de las distintas asignaturas y materias.

Tanto compromiso con el estudio dio pie, a que donde vivía me tildarán de vago, de holgazán, pues como había que coger café todos los días o quitar las malezas de las cercas y yo no contaba con el tiempo suficiente para colaborar diario sino esporádicamente, me atrajo estos dos títulos, a tal punto que para el año siguiente hubo nueva vez que buscar donde vivir.

CAPÍTULO IX
Hundido en el pecado

Era ya el ultimo año en educación media. Sin dudas el mejor, bueno, al menos así lo visualizaba. El deseo enorme de entrar a la universidad era latente.

Con el mismo problema de no tener donde vivir, me veo en la obligación de volver a viajar de Rincón Llano en asno a las cuatro de la mañana.

La directora del centro educativo intervino, cuando se enteró de mi situación, cuando supo que mi padre había dicho que ya estaba cansado de lo mismo, y que me dejaría sin estudios este año. Ella intercedió por mí y me consiguió alojamiento en casa de una hermana suya.

Lo ilógico de esta situación es que otras personas, que bien pudieron alojarme, no lo hicieron. En la casa donde ahora vivía me aceptaron a pesar de que la familia llegaba a ocho en número y ahora conmigo nueve en total. Puedo decirle y con toda sinceridad que este fue el hogar donde mejor se me trató, donde mejor me sentí y donde más comprendieron la vida de alguien que solo quería estudiar.

En la vida es bueno plantearse objetivos específicos, trazarse metas y ser constante en las mismas, esto nos ayudara a seguir firme el camino que hemos tomado. Tenemos la promesa del Señor que nos alienta diciéndonos que si encomendamos a él todos nuestros proyectos, en todo nos irá bien.

Tratemos de que nuestros planes estén acorde con el plan de salvación y así el Todo Poderoso nos conceder cuanto le pidamos. Esta promesa del Padre no puede cumplirse cuando nuestros objetivos sean egoístas, dañinos, perjudiciales y profanos.

Quiero detenerme… en este año brillé como estudiante, siendo reconocido por mis logros tanto dentro del centro educativo como fuera de él. Sin embargo, hoy me pregunto ¿De qué sirve el mérito cuando ausente está Jesús?

Unos más del montón fui. Hoy quiero anunciarte a un Salvador. Si nos detenemos un poco, sin ser expertos, nos podemos dar cuenta cómo anda el mundo a consecuencia del pecado. Esto aunque algunos quieran torcer la verdad no es la voluntad de Dios.

Sucede que el hombre se acomoda al pecado y todo pasa como cosa normal. Digo que para que se oiga bonito y tergiversando la verdad hasta el nombre al pecado se le ha cambiado. Al aborto, que sin duda es un acto de asesinato se le llama interrupción de embarazo. Al adultero ahora se le llama desliz, a la homosexualidad ahora se le llama libertad. Queridos hermanos aunque muchos son los que quieran obviar la verdad de Dios el pecado siempre será pecado.

Tomemos conciencia. Dios quiere salvarnos, por ello envió a su hijo. Concienciémonos: el pecado en el mundo trae consigo la guerra, el hambre, la pobreza, la desigualdad, las enfermedades, los vicios y toda clase de males.

Hoy vivimos en una humanidad corrompida por el odio, orgullo, la falta de fe, el materialismo, la ambición, la inmoralidad, la carencia de valares, la falta de amor y afecto.

El hombre toma caminos errados, equívocos, brujería, hechicería, ciencias ocultas, astrología, etc. Busca sus propias soluciones pretendiendo una humanidad sin Dios, contrariamente a los resultados esperados vemos por la experiencia que estas prácticas fruto del pensamiento del hombre y de la acción del maligno en el, arrojan: angustia, ansiedad, soledad, inseguridades, depresiones, suicidios, egocentrismos, etc.

Tengamos presente que Dios quiere que el hombre flor de su creación, viva en paz, justicia y felicidad, para esto es necesario tomar la decisión: aceptar a Jesús como salvador personal. **Isaías 12, 2. Mateo 1,21, Juan. 1,29.**

La iglesia siempre ha querido guiar al hombre por el buen camino, mostrándole a la luz de la palabra el sendero que conduce al cielo, pero el ser humano terco, ha querido rehusar y prescindir de estas enseñanzas.

No hay tiempo que perder. El llamado que es la forma que Dios usa para irrumpir en la vida del hombre. El Señor está tocando a la puerta. Abra el corazón y escuche su voz.

Le motivo a luchar por la salvación de su alma. La tierra con todo lo que contiene pasara, pero dentro de nosotros Dios puso algo de eternidad cuando soplo su Espíritu para que el hombre tuviera vida. Depende de usted salvarse o no. La gracia ya la tenemos y por Jesús ha pasado a ser visible.

A mí, en lo personal, el pecado me había ganado la batalla. Adultero, fornicario, mentiroso, farsante, amante de la sensualidad, es en lo que me había convertido. Nunca más volví a acordarme de la iglesia o de Dios. Más de seis años sin visitar el confesionario ponían el sello a mi vida de desorden.

Claro que para la gente, era el estudiante sobresaliente, el muchacho de buenos hábitos, que no hacía daño a nadie... ¿de qué sirve ganar el mundo cuando se pierde a uno mismo?

CAPÍTULO X

En busca de un empleo

Oración de aceptación.

Hermano repitamos juntos esta oración de aceptación. En ella aceptamos a Jesús como nuestro Señor y Salvador.

Señor Jesús te abro las puertas de mi corazón y te acepto como mi único Señor y dueño de mi vida y te pido perdón por las veces que me he alejado de ti, por las veces que te he faltado, por las veces que he pecado, reconozco que no soy digno de ti, pero te necesito, sin ti Señor mío no se qué sería de mí. Llena mi vida, llena mi interior. Te quiero aceptar en mi vida. Entra a ella y no te vayas nunca y haz que se despierte en mí el más vivo sentimiento de fe y amor hacia ti.

Amén.

Se acercaban los días de ingresar a la universidad pero esto conllevaba una separación más de mi familia. En casa no lográbamos ponernos de acuerdo, mi madre me apoyaba, llena de optimismo, me animaba a continuar. Mi padre por su parte se dejaba dominar por el pesimismo. Preguntas como estás le hacían la guerra y terminaban venciéndolo. ¿Con qué dinero vas a pagar tus estudios? ¿Quién te ayudará? ¿Dónde vas a vivir sino tienes a nadie en la ciudad? Le abrumaba la idea de que su economía no daba para tenderme la mano, mis tres hermanas estudiaban y él tenía que suplirles todo.

En eso mi mamá decide comunicarse con uno de sus hermanos que hacía tiempo vivía en la ciudad, para ver si podía albergarme en su casa por lo menos hasta conseguir un empleo.

Mi tío aceptó gustosamente, pero mi padre no estaba tan seguro, pues decía que no quería que ninguno de sus hijos fuera carga para nadie.

Logramos convencerlo, me dio el permiso de mudarme a la ciudad para estudiar. Pero había una nueva situación. Era imposible que un muchacho encontrara trabajo de inmediato, sin tener ningún tipo de relación y sin conocer a nadie, es más a mi propio tío, tenía más de diez años que no lo veía. ¿Con qué dinero iba a subsistir los primeros días o meses sin trabajo? Sabíamos de más que en la ciudad no era como el campo que la vida era simple y ordinaria.

Busque dinero prestado, me arriesgue sin tener como pagar. Me aventure, pues bien había escuchado que el triunfo es para quien se atreve.

Sin mucho apoyo, sin una fuente económica, que me respaldara, llego a la ciudad. Una vida nueva, totalmente distinta me esperaba.

Lo primero que hice fue ir a un centro de digitación, preparar algunas solicitudes de empleo y dedicarme a distribuirlos en algunas empresas con la esperanza de que me llamaran. Llevar esta solicitudes fue difícil, no sabía donde había nada, no conocía la ubicación de ninguna empresa ni siquiera sabía cómo funcionaba el transporte público. Esto claramente era un obstáculo pero no me detuvo. Yo quería ser un gran profesional.

Pasada ya una semana, luego otra y sin recibir ninguna llamada, mi padre, comenzó a molestarse. Me llamaba casi a diario, para pedirme que volviera al campo, que dejara de ser carga. Gracias a la esposa de mi tío que me animó y a mi deseo de superación pude resistir hasta dos meses, que fue cuando al fin escuché el teléfono sonar para un trabajo.

Me llamaron de una empresa muy distinguida, me entrevistaron, me examinaron, pero mientras este proceso protocolar se agotaba apareció una persona, que al verme desesperado y sin empleo y como tenía buena posición en el lugar donde laboraba, me pidió que le diera una de mis solicitudes para ella mediar y conseguirme un buen empleo.

Yo accedí con el pensamiento y la intención puesta en que si no entraba en uno, entraría en el otro.

A los pocos días me llamaron también para una entrevista de donde la señora me había llevado mi currículum y por sus relaciones también me había recomendado en el área de recursos humanos. Empecé a emocionarme, me fue bien en la entrevista, y el lugar me gustó. Desde el primer día pude fijarme que trabajaban allí y unas sexis mujeres que quien sabe…

Una semana después de la entrevista, vuelven a llamarme para iniciar los entrenamientos, aunque esto no aseguraba mi entrada a la empresa, era buena señal.

Después de una semana de prácticas, normas, reglas, recibo una nueva llamada para decirme que tenía el empleo y que fuera al día siguiente a buscar el uniforme para que entrara de inmediato.

Los primeros días eran de prueba, pero ya estaba dentro. Sólo dos de los cuatro que tomamos el entrenamiento fuimos aceptados. Esto fue para mis padres una gran noticia. Para mí también porque se acabaría la insistiera de abandonar todo por parte de mi papá.

Este empleo lo necesitaba para cubrir mis gastos personales y comprar los útiles de estudio. La universidad no me preocupaba tanto porque al terminar educación media salí becado, con una beca que cubría la universidad en un cien por ciento. Fui ganador del Premio Pedro Henríquez Ureña a la excelencia académica.

CAPÍTULO XI
La casa de Satanás

Supongo que alguna vez usted ha ido a un casino, o al menos a oído hablar del lugar. Esta fue la empresa donde inicié a trabajar. Allí fue donde me emplearon. Magnífico lugar para alguien sin Dios, excelente ambiente para quien desee vivir en la carne.

Después de mi conversión, después de mucho análisis profundo. Llame a este lugar la casa de Satanás. Y no es para menos pues lo que se vive allí dentro, son de las cosas que sin duda alguna precipitan las almas al infierno.

En mi caso personal puedo imaginar al maligno reír a carcajadas y diciendo "Dios lo llamo a ser profeta y yo lo tengo en mi casa". Ya como empleado y viendo tantas mujeres que llenaban mis apetencias sexuales. Me volví un desenfrenado sexual, vivía por el placer, me movía por la carne.

No había señora que se escapara a mi boca, a todas trataba de seducirlas, comenzando por mi jefa, luego mis supervisoras, mis compañeras, clientas, encargadas y empleadas de otros departamentos. No digo que tuve relaciones íntimas con todas, si lo digo sería un mentiroso, pero si a todas de alguna forma le insinué que me gustaban.

Al espíritu que estaba dentro de mí le agradaba aquel ambiente. Me sentía muy cómodo allí. Aunque reitero, esa es la casa de Satanás, la casa del pecado adornada con muchas luces de neón de distintos colores. Vi como personas acomodadas económicamente, allí lo perdían todo. Se hacían esclavos, por un plato de comida, una buena copa de whisky, y algún tipo de música. La esclavitud puesta de manifiesto, en una máquina de azar electrónica, una mesa de Póker, Black Jack o ruleta.

Un mundo perverso fue lo que conocí allí dentro. Elegante por fuera pero si se interiorizara viéramos la podredumbre. Jamás he podido olvidar como personas dejaban allí perdido millones de pesos en una sola noche. Cantidades exorbitantes. En algo que no hará ningún bien al alma, ni siquiera personalmente.

No puedo borrar de mi memoria el hecho de que un día un señor embriagado de alcohol después de haber perdido todo, le pregunto al prestamista si también podía dejar a su mujer como garantía a cambio de que le prestara otro poco de dinero.

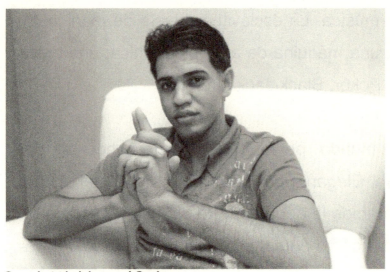
Cuando trabajaba en el Casino

Me iba bien... empecé a salir con mujeres distintas, y fue allí donde empecé a portarme como un patán, salí con muchas mujeres que eran casadas o tenían su novio, incluso siempre intermediaba cuando ¨un amigo¨ le gustaba alguna mujer para que pudiera conseguirla y llegarán hasta tener una relación, pero después que se lograba el objetivo, siempre buscaba seducir personalmente ahora la que por mi intermedio había conseguido mi amigo. Sin olvidar la veces que me prostituí, que vendí mi cuerpo a señoras mayores que yo.

Hoy me preguntó: ¿Qué hubiera sido de mí si él Señor me hubiera llamado a dar cuenta en aquel momento? ¿Qué le hubiese respondido cuando me preguntara por lo que hacía?

Sin Dios y sin estar sujeto a ninguna ley, la vida me sonreía, rápidamente empecé a acumular algún dinero, vivía en una zona de prestigio en la ciudad. Sin tener que pagar universidad, todo lo que ganaba lo gastaba en moteles y cabañas.

En mis desventuras, entró otra joven a mi vida, un año mayor que yo. Empecé a salir con ella, teniendo compromisos con otras. Cuando las demás se enteraron tuve graves problemas en el trabajo y en mi vida personal. Era a menudo un enfrentamiento entre ellas. En la misma empresa otros compañeros tuvieron que mediar para evitar los pleitos.

Ellas, las mujeres con las que salía, se peleaban, mientras mi ego de hombre crecía. La vida seguía normal, pero un día la joven con la que empecé a salir me dice que quiere hablar conmigo personalmente. A solas. Cediendo aquella petición voy a su casa, al aparta-estudio donde vivía. Al llegar me muestra una prueba médica de embarazo. Le pregunté qué significaba, a lo que ella respondió -estoy embarazada. Espero un hijo tuyo.

Se me espabiló el rostro. No encontré qué hacer o qué decir pues muchos eran los conflictos que en lo personal había tenido con aquella joven, por su carácter dominador.

Queridos hermanos muchas veces suceden cosas en nuestras vidas que al primer instinto parecen ser terribles, sin embargo de cada situación adversa Dios sabe extraer un testimonio. La fe nos asegura que sin importar donde estemos o por lo que estemos pasando, el Padre en nombre de Jesús nos levantara.

No permita que el mal que ahora enfrenta le ahogue, le quite el ánimo o la paz, active su fe, clame al Señor, y Él que siempre escucha le atenderá y en el momento preciso usted podrá contemplar, ser testigo de que Dios lo dijo y lo hiso.

Seguía dándole vuelta a la situación a ver cómo salía. Al cabo de tres meses no porque estaba seguro sino porque un niño me venía, un alma nacería; me uní a ella.

Cuando me uno a esta mujer, una de mis amantes, con la que llevé una relación de más de dos años, al momento que decido dejarla, sintiéndose herida, rechazada y quizás burlada, decidió irse a brujos y hechiceros y practicarme un hechizo para que todo lo perdiera y acabara con mi vida… entones quede sin empleo.

Después de quedar sin empleo, rápidamente con clientes del mismo casino conseguí un buen dinero prestado, me hice construir una oficina en un espacio rentado, e inicie una microempresa.

Empecé a prestar dinero a conocidos y ex compañeros de trabajo, y en la misma oficina hacia publicidad por internet y bienes raíces. Todo estaba calculado. El objetivo era hacerme rico pronto.

El embrión por su parte iba creciendo, pero el nuevo hogar era un desastre. Después de que aquella mujer acudió a brujería, la situación iba de mal en peor. La nueva esposa trataba de matarme todos los días, al parecer influenciada por algún espíritu de muerte. Varios fueron los métodos que utilizaba o con los que me amenazaba: Agua caliente, aceite de cocina hirviendo, cuchillos, navajas, pero siempre pude defenderme y el objetivo no fue logrado.

A esto añado que tanto desequilibrio en el hogar me llevaron a la ruina. Perdí todo lo que tenía. Incluso mi oficina rápidamente desapareció y hasta mis mejores amigos quienes fueron mis primeros clientes jamás regresaron para pagar el dinero prestado.

Quede como taciturno, vi que todos mis sueños se venían abajo. Incluso mi universidad tuve que dejarla.

Con todo esto se me veía mal. Ya ni siquiera me sentía en mis cabales. Andaba dubitativo, circunspecto, nefelibato, anonadado, ya ni sabía qué hacer, que pensar, a donde dirigirme.

Carísimo Hermano, preciadísima hermana no sé si estas pasando por alguna situación adversa o contraria en tu casa o en tu familia o quizás en tu vida personal si es así, lee conmigo esta oración y deja que Dios actúe.

"Nadie que haya clamado a Él ha quedado sin respuesta". (Romanos 10, 11)

Amado Padre tú conoces la situación por la que estoy pasando, sabes las veces que he llorado y que he sufrido, por eso hoy vengo a pedirte que me ayudes con mi carga, muchas veces he sentido que ya no puedo más.

Sin embargo, hacia ti levanto mis manos, levanto mi voz para clamarte a ti Señor, creyendo que tú harás la obra que tanto he esperado. Todo lo dejo en tus manos. Y declaro en fe que obraste. Gracias Señor.

CAPÍTULO XII
La Obra de Dios

Partamos de lo que dice el Catecismo de la Iglesia Católica en los numerales 27, 51, 53. El deseo de Dios está inscrito en el corazón del hombre, porque el hombre ha sido creado por Dios y para Dios; y Dios no cesa de atraer al hombre hacia sí, y sólo en Dios encontrará el hombre la verdad y la dicha que no cesa de buscar:

«La razón más alta de la dignidad humana consiste en la vocación del hombre a la comunión con Dios. El hombre es invitado al diálogo con Dios desde su nacimiento; pues no existe sino porque, creado por Dios por amor, es conservado siempre por amor; y no vive plenamente según la verdad si no reconoce libremente aquel amor y se entrega a su Creador» (Gs 19,1).

"Dispuso Dios en su sabiduría revelarse a sí mismo y dar a conocer el misterio de su voluntad, mediante el cual los hombres, por medio de Cristo, Verbo encarnado, tienen *acceso al Padre en el Espíritu Santo y se hacen consortes de la naturaleza divina"*

El designio divino de la revelación se realiza a la vez "mediante acciones y palabras", íntimamente ligadas entre sí y que se esclarecen mutuamente (Dv 2). Este designio comporta una "pedagogía divina" particular: **Dios se comunica gradualmente al hombre, lo prepara por etapas para acoger la Revelación** sobrenatural que hace de sí mismo y que culminará en la Persona y la misión del Verbo encarnado, Jesucristo.

La obra de Dios como lo expresan las sagradas escrituras y el catecismo de la iglesia católica ha sido desde el principio, no obstante quiero en las líneas siguientes hablarle de las obras de un Dios vivo en mi vida.

La etapa que a travesaba ahora, me hizo recordar que existía un Dios e incluso volví a recordar literalmente mi llamado.

Un buen día, sintiendo que ya no podía más con lo que estaba viviendo el Espíritu me tomó, y me llevó a la gran asamblea de San Antonio, que se realiza cada martes en la parroquia San Antonio de la calle del Sol en esta ciudad de Santiago de los Caballeros. Desde que llego a la Asamblea algo extraño comienza a sucederme. Mi cuerpo siente escalofríos, y a medida que la asamblea se desarrollaba, entre cantos y alabanzas, yo empezaba a temblar a saltar sin poderme detener pues había perdido todo el dominio de mi cuerpo. Desde el inicio de la asamblea y hasta el final me la pasaba llorando como quien tiene el alma desgarrada.

En medio de llantos, glorificaba a Dios con todo mi corazón, nueva vez y como cuando era niño volví a sentir su presencia.

Por otro lado, la situación en casa empeoraba, mientras más trataba de acercarme a Dios, la lucha en el hogar era peor. Esto no me detuvo, pero el estar tan decido a buscar a un Dios que había suscitado en mi una fe nueva, un creer que Él podía liberarme trajo consigo el desencadenamiento de un sin número de pruebas e infortunios.

Al estar sin trabajo, y casi desposeído de todo y con una mujer próxima al alumbramiento, era para mí un caso terrible.

Una cosa es cierta y es que ante todo lo que me pasaba siempre busque refugio en el Señor. Estaba enamorado de Jesús, ansiaba que pasara la semana para volver a la Asamblea y entendí con cuánta razón dice el salmista un instante en tu presencia Señor en mejor que mil años lejos de ti *(Salmo 84).*

Los infortunios se sucedían. Estando en casa un día recibo una llamada, eran como las diez de la noche. Era mi papá, que borracho me llamaba para decirme que fuera al campo porque él había golpeado a mi mamá. ¡Qué noticia! ¡Y qué estupor! Había visto en casa enojos, ira, arrebatos, palabras groseras, pero de ahí a que hubiera golpes… quede atónito. Aturdido.

Sin un centavo en los bolsillos me levanto al día siguiente y salgo a primera hora para el campo. Cuando llego encuentro a mi madre postrada en una cama y sin fuerzas producto de los golpes que había recibido. Ver a mi mamá así ocasionó que se me llenara el corazón de una ira enorme. Todo lo que quise cuando vi a mi papá fue caerle a golpes. Ese día le hablé como nunca lo había hecho, incluso proferí hasta malas palabras e insultos sobre él. ¡Cuánto me dolió haber hecho esto!

Le dije a mi mamá que se levantara, (ella no podía. Estaba seriamente dolida) que tomara ropa porque se iba conmigo. La traje a la ciudad y al día siguiente (gracias a Dios ella tenía algo de dinero guardado, hubo que llevarla al médico y practicarle unos rayos X en la cabeza para verificar no hubiera roturas). De suerte todo salió bien. Ella se quedó a vivir conmigo un tiempo. Esta pelea ocasionó la separación total y definitiva de este matrimonio consagrado por la iglesia. Mi papá trato de arreglar las cosas pero mi mamá se negaba a una reconciliación. Esta separación nos hizo sufrir mucho a mis hermanas y a mí. Jamás pensamos que esto sucediera, especialmente afecto a mi hermana Maurelis y Rosairi que eran quienes vivían con ellos.

Ahora empezaba un lapso de dolor para toda la familia, especialmente para mi padre que tenía que pasar la semana solo en Rincón

Llano, porque mis hermanas estudiaban de lunes a viernes en Juncalito y sólo podían estar con él en fin de semana.

Esta situación más lo que estaba viviendo con mi pareja me tenía sobresaltado. Mi mamá se dedicó a buscar un empleo porque no quería volver al campo. Tuvo suerte. A la semana después de dos meses con nosotros encontró un trabajo en una casa para cuidar dos ancianos.

Estas circunstancias tan adversas, crean en mí un deseo de estar sumergido en oración. Orando fuertemente y con la fe puesta en el Dios que de seguro me salvaría.

Pasando por todo esto, escuche una voz, una voz como venida de arriba pero que estaba dentro de mí. Esa voz potente me dijo ve donde Ignacio. Le pregunté a mi mamá que aún estaba en casa que si ella conocía a alguien que se llame así. A lo que ella respondió hay un señor que es hermano de Geno que se llama así y se dedica a orar. En el parqueo de la Sirena que está en la calle del Sol. Allí lo puedes encontrar. Él trabaja como seguridad de esa empresa.

Me informe lo mejor que pude. Al domingo siguiente salgo de mi casa con el fin de encontrar a Ignacio. Cuando llego al mencionado parqueo eran como las tres de la tarde, había allí una multitud, el aspecto de aquella gente me llamó mucho la atención. Vestían de blanco. Acercándome un poco escuché que se invitaban unos a otros a hacer la coronilla de la misericordia. Ignoraba de qué se trataba, pero eso no me detuvo y procedo a preguntar por el hombre aquel.

La multitud oraba afuera. Se le escuchaba rezar. Y a mí me dijeron siéntese aquí y espere. Me sentaron en un banco hecho de madera en la caseta que los seguridad de la empresa, los que vigilaban el parqueo al parecer toman allí su descanso.

Estaba esperando. Eran ya las cuatro de la tarde. Afuera a pleno sol, había aproximadamente quinientas personas que esperaban el grupo de oración que iniciara. De repente entra un señor de baja estatura y vestido de guardia de seguridad o como decimos en toda República Dominicana, con atuendo de guachimán, y me pregunta que quiero, le respondo quiero hablar con Ignacio, el me dice soy yo.

Sentado en la banca y sin quizás saber cómo expresarme le conté lo que me había sucedido. Le dije estaba en casa orando y escuché una voz, que estoy seguro fue la del Señor y me dijo ve donde Ignacio.- Ahora estoy aquí – le dije. Yo no lo conocía pero sé que el Señor me envió donde usted.

Sin mediar palabras, él sonríe, luego me dijo- vamos a orar. Cierre sus ojos. Hice lo mandado. ¡Y qué raro! Hay un gran misterio. Desde que cerré los ojos, todo mi cuerpo se adormeció, estar frente a este simple mortal, era una experiencia sobre natural, mientras él invocaba al Padre en el nombre de Jesús, sin ser un hombre culto o letrado pero sí invocaba a Jesús de corazón, la atmosfera cambiaba, no sé cómo explicarlo pero esto se podía percibir.

Al cabo de unos minutos, ya sintiendo una gran presencia de Dios que bañaba todo mí ser. Empecé a llorar. Por su parte el hermano Ignacio continuaba orando, luego un gran silencio. En medio de ese silencio puso sus manos sobre mí y me dijo: dice el Señor que Él a usted, lo ha elegido como a Jeremías y que usted hermanito será un gran predicador. Predicará en Santiago, en La Vega, en muchos pueblos y en muchas naciones. Lloré fuertemente y creí con mi corazón estas palabras que me hacían recordar mi niñez.

Llegué a casa y como no sabía quién era Jeremías, busque una vieja biblia que me había regalado la que para ese entonces era mi suegra. Una biblia que ella tenía abandonada, pero que yo tomé como el más valioso de los tesoros, e incluso le hice dos pergaminos para cubrirla porque no tenía.

Sin saber buscar en la biblia y a tientas, como pude, encontré el libro del profeta Jeremías y cuando me encontré al inicio, en el primer capítulo, versículos del cuatro al diez, **(Jeremías 1, 4- 10). Me llegó una palabra de Yavé :«Antes de formarte en el seno de tu madre,**

ya te conocía; antes de que tú nacieras, yo te consagré, y te destiné a ser profeta de las naciones.»

Yo exclamé: «Ay, Señor, Yavé, ¡cómo podría hablar yo, que soy un muchacho!» Y Yavé me contestó: «No me digas que eres un muchacho. Irás adondequiera que te envíe, y proclamarás todo lo que yo te mande. No les tengas miedo, porque estaré contigo para protegerte -palabra de Yavé.» Entonces Yavé extendió su mano y me tocó la boca, diciéndome: «En este momento pongo mis palabras en tu boca. En este día te encargo los pueblos y las naciones: Arrancarás y derribarás, perderás y destruirás, edificarás y plantarás.»)

Aquí sí, que no supe ni lo que experimente ¡una explosión de sentimientos y emociones! Amor, dolor, gozo, tristeza, alegría…Como Dios había llamado aquel profeta y la tonta relación que guardaba con el llamado que me había comunicado mi madre, causo que se me conmovieran hasta las entrañas. Quedé anonadado. Fuera de sí. Solo lloré y pensé en voz alta exclamando ¡Qué grande es Dios!

Empecé a interesarme por las sagradas escrituras, continúe yendo a la gran asamblea de San Antonio. Lo más grande era el gozo que sentía en mí.

Llegó el tiempo de que mi esposa diera a luz. Me nació un hijo varón, al que amo con todo mí ser y al cual le puse mi mismo nombre. La llegada de mi hijo fue motivo de gran alegría pero también de duras y continuas persecuciones.

Voy ahora a contarles cosas que seguro a usted le parecerán locuras o demencias pero la acción de Dios es misteriosa y esto fue lo que paso en Mí. Dios estaba actuando y yo trataba de dejarme dirigir por Él.

Los primeros días después del nacimiento de mi hijo, me cohibí un poco de salir a la iglesia pero cuando ya cumplió un mes, continué yendo con regularidad a la gran asamblea. Mientras más trataba de acercarme a Dios, más sentía sus manos sobre mí.

La madre de mi hijo, mi compañera de hogar, se oponía totalmente a la religión. Me prohibía de manera enérgica seguir buscando de Dios. Decía que me estaba poniendo loco. Y que mucha gente pierde el sano juicio por estar tan metido en las cosas de Dios.

Sin duda esto es una mentira del maligno. No se intimide si a usted le han dicho lo mismo, llegado el tiempo Dios actuará.

Al ver que yo no desistía, ella también decidió ir conmigo a la iglesia, nos llevábamos al pequeño José Miguel de menos de dos meses de nacidos con nosotros. Ella no quería quedarse en casa y yo no quería quedarme sin mi bendición.

En la asamblea a la hora de la alabanza o la invocación al Espíritu Santo, ella comenzaba a burlarse y me susurraba al oído -¡Cuantos loco!- Ella con sus propios ojos fue testigo de lo que Dios estaba haciendo en mi pero no quiso creer.

Fue más difícil aún para mí, una esposa en contra del camino y yo siendo asolado ahora como nunca por fuerzas malignas. Había días que cuando llegaba a la asamblea, por la forma en cómo me ponía, muchos me tomaban miedo, incluso cuando me veían entrar por la puerta principal dejaban el pasillo del centro de la iglesia vacío, todo el mundo echaba para atrás por miedo al que ellos llamaban el loco. Y no solo los feligreses me trataban así, sino que algunos servidores al verme entrar y que ya me tenían miedo, de atrás, cerca del altar susurraban -Ya llegó el loco.

La forma en cómo el espíritu de mal me sacudía, me tiraba al suelo y me hacia gritar, era motivo de espanto para muchos. Yo por mi parte seguía firme en mi fe y jamás me aparté del primer banco, esperando con ansías la bendición y la liberación que venía de Dios.

Algo paradójico me sucedió ¿Si estaba buscando a Dios porque ahora todo era peor? Llegué al borde de la desesperación: con una esposa que solo sabía pelear, sin trabajo o empleo, con un niño recién nacido, sin tener a quien pedirle ayuda, habiendo perdido todo y con unos espíritus malignos que me atormentaban traté de quitarme la vida siete veces: con cuchillos para penetrarlos en mi abdomen, con navajas para cortarme las venas, subiendo a un edificio de cuatro niveles para lanzarme sobre los cuatro cables de alta tención que pasaban por la avenida e incluso pensé en tomar veneno para ratas. Quise suicidarme para así ya acabar con tan miserable vida. Pero Dios no lo permitió porque tenía un plan perfecto para mí.

Quien va con oído de escucha a donde se proclama la palabra de Dios, siempre aprenderá y Dios le irá instruyendo sus pasos, pues como dice la escritura sagrada. (*2 Tim 3, 16-17)* **Toda Escritura está inspirada por Dios y es útil para enseñar, rebatir, corregir y guiar en el bien. Así el hombre de Dios se hace un experto y queda preparado para todo trabajo**

bueno. Un martes de esos donde Dios tan claro me habló quien predicaba hablaba del pecado y decía que vivir con alguien como pareja, sin estar sacramentado por la iglesia era fornicación y por tanto un gran pecado a los ojos del Señor. Esto me llevo a tomar una decisión firme y estable.

Sustentado por la gracia de Dios llegué a casa, llamé a mi señora, le invité a tomar asiento, y le dije: he tomado una decisión y quiero que me apoyes. Desde hoy vamos a dormir en camas separadas. Es pecado que estemos juntos sin estar casados. Ella no lo entendió y hasta me maldijo. No estuvo de acuerdo pero ya la decisión estaba tomada. Desde ese día me dispuse a vivir en total castidad y así permanecí más de dos años.

Mi día de la semana favorito era el martes, por el simple hecho de que iba al encuentro con Dios.

Era extraordinario todo lo que pasaba en aquel lugar. Llegó el día y yo estaba en la asamblea confiado de que esa tarde la bendición de Dios me tocaba a mí. En esa ocasión desde que llegué comencé a gritar y el espíritu del mal me retorcía, más después de la predica, en la oración de sanación, cuando sin voluntad propia, comencé a dar unos saltos que subía casi hasta el techo de la parroquia, un servidor se me acerco como pudo al oído izquierdo y me dijo tres veces: sopla Espíritu Santo, sopla Espíritu Santo, sopla Espíritu Santo. A la tercera vez viví algo que me dejó perplejo. Un cuerpo del mismo tamaño del mío se me desprendió de adentro y salió huyendo por el lado derecho. El demonio se me salió. Un alivio llenaba todo mi ser. Me sentía libre.

A la semana siguiente predicaba un hermano que yo desconocía, Tony Rodríguez. Aquel hombre predicaba con tanta fe y autoridad. En el momento de su predicación decía -Aquí hay personas que el Señor me muestra, que desde hoy han sido elegidos columnas del templo de Dios. En ese mismo instante y con mis ojos cerrados sentí una gran fuerza que vino de arriba, me levanto del asiento donde estaba sentado alzó mis dos manos y una voz me gritaba en el interior eres tú a quien Dios a elegido. Mi esposa que estaba a mi lado, con el niño en sus brazos, miró a todas partes, se avergonzó y a mí de arrebato me bajó los brazos y me dijo -mira loco del demonio.

Esa tarde para mí fue gloriosa. Sabía que Dios algo grande había hecho conmigo.

Mientras duró la asamblea la pasé llorando. Un gozo grande embargaba mi ser. En un momento y ya casi terminando la asamblea pude percatarme de que el predicador se marchaba, movido por una gran fuerza, la que hasta el sol de hoy creo que fue el Espíritu Santo, me voy corriendo tras este hombre y cuando logró alcanzarlo, sin saber qué hacer, le toqué por la espalda. El se da vuelta y pregunta ¿qué te pasa hijo? Yo sin mucho conocimiento de la doctrina o sin saber cómo expresarme solo me salió decirle: -la semana pasada me sacaron un demonio aquí en la asamblea y siento que quiere volver.

Estábamos parados a media calle en la intersección Colón -16 de Agosto, más a esto hombre no le importo que muchos eran lo que se nos quedaban viendo y numerosos los autos que cruzaban. Yo lloraba fuertemente mientras él al verme extendía sus manos sobre mí y oraba. Pedía a Dios por mí (yo sentía la presencia del Espíritu Santo) comenzó a orar en lenguas y al cabo de un instante, me dijo – No te preocupes, no va a volver. Dios te ha liberado y te ha elegido par que tú seas su servidor.

Desde ese día Tony fue como un padre para mí, me instruyó en el camino. Me habló de la adoración a Jesús eucaristía y yo seducido por su amor me hice su adorador. A este hombre junto al hermano Eulogio cruz debo después de Dios lo que soy como predicador.

Dos veces a la semana me iba al Centro Católico Carismático donde estaba Jesús expuesto de forma perpetua y con mi niño de solo dos mese de nacido y mi mujer que por no quedarse sola en casa me acompañaba, viví las experiencias de amor más grande de mi vida.

En Nibaje donde vivía, me enteré que había un pequeño grupo de oración. ¡Quería predicar! la palabra de Dios era como fuego que no se apagaba dentro de mí. Tanto así que muchas veces me subía a la azotea del apartamento donde vivía y como no tenía a quien predicarle y con los ojos llenos de lágrimas, en un acto de fe, le pedía al Señor que llenara a aquel lugar de sus ángeles para yo predicarle palabra de Dios. Así lo visualizaba, veía en mi interior aquel lugar lleno de estos seres ¡y sin hacerme esperar comenzaba a hablarles de Dios y a decirles que había conocido a un Dios que me había devuelto la vida. A un Dios que era capaz de sanar, de liberar y hacer nuevas todas las cosas!

Casi todas las noches me iba al mismo escenario, al techo del edificio.

Un jueves decido ir aquel grupo en la comunidad, esa noche, estaban como invitados un grupo al cual pertenecí posteriormente. Seguidores de Jesús era el nombre del ministerio. Esa noche cometí la locura más grande de mi vida. Una hermana estaba predicando y yo estaba ahí, inquieto, con hambre de hablar de Dios. Ella predicaba y a mí algo me decía, toma el micrófono. Me lo dijo tan repetidamente que no soporté y en medio de la predicación, me levanté de mi asiento, le quité el micrófono a quien predicaba y comencé a hablar de Dios. Sentía un poder tan grande dentro de mí que no podía contenerlo. Al momento de orar por los enfermos y por liberación grandes cosas ocurrieron. Estaba feliz. Al fin algo que me llenaba y me alentaba a vivir y no por mi sino porque pensaba en muchos que un día se sentirían como yo me sentí, pasarían por lo que yo pasé. Lo que hice al tomar aquel micrófono quizás no fue lo más correcto, pero esa actitud valiente y a la vez carente de lógica me abrió las puertas para hoy ser lo que soy: Predicador de la Iglesia Católica. Ese acto causó que Margarita Santana quien coordinaba en el Ministerio Seguidores de Jesús me hiciera una invitación a formar parte de esta familia renovada por el Espíritu.

Feliz ahora, pero probado más que nunca, comencé a predicar la palabra de Dios, a instruirme en la medida de lo posible en el grupo Seguidores de Jesús. No obstante ahora la guerra en el hogar era peor.

Cuando "El pequeño José Miguel" cumplió sus cuatro meses de nacido, nos mudamos a otro apartamento por causa de los camiones que a horas de la madrugada como vivíamos en una avenida pasaban haciendo ruidos estruendosos.

La separación nuestra iba en serio, y a no ser que algún día hubiera un matrimonio por la iglesia, jamás volvería a estar con ella. Jesús eucaristía continuaba obrando. Ya que predicaba no podía estar sin recibirlo y un día decidí hacerle la invitación a la que era mi esposa. Le dije que fuéramos al sacerdote y que nos confesáramos. Ella dijo que sí. Ambos nos reconciliamos con Dios ese día ante un sacerdote. Lamentablemente lo de ella solo fue ficción, luego me comentó que se confesó porque no quería perderme no porque le interesara el camino de Dios.

Ya recibiendo al amor de los amores, todo cambiaba, ahora me sentía fortalecido y listo para salir a propagar el evangelio de la salvación como manda la iglesia.

Cinco meses ya tenía el niño. A ella también la habían cancelado del trabajo. Comenzó el gran problema económico. Una mujer reclamándome y un hijo que no podía esperar por su alimentación. Me vi en momentos desesperantes. Mi niño con hambre llorando, en casa ni siquiera una cucharada de azúcar y la madre que ya nada le quedaba en el pecho para amamantar. Me sentía impotente e incluso muchas veces pelee y le reclamé a Dios porque él me dejaba pasar por esta situación. De corazón le rogaba que me castigara a mi pero que a mi niño no, porque él no tenía culpa de la vida desordenada que había llevado antes.

Hoy puedo decir si no fuera porque la gracia del Altísimo me asistía y gracias a la oración no se qué habría pasado conmigo.

Desde que nos mudamos debíamos la renta, no pudimos pagar ni un mes. La madre de mi hijo sin esperanza de volver a estar conmigo y pasando necesidad económica, decidió irse. Y fue lo mejor que hizo. A mi lado sólo les esperaba la muerte. No tenía nada que dar. Nada que ofrecer Sentí que se me rasgó el corazón, perdía mi niño de sólo seis meses. Se fue un pedazo de mí. Lloraba sin consuelo más razonaba en mi mente toda obra para bien.

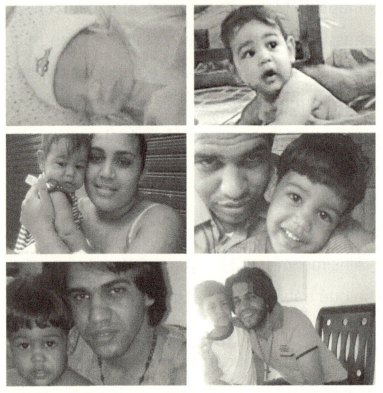

Fotos de mi niño José Miguel, desde el día de su nacimiento.

Luego después de todas estas vivencias fue que pude entender la definición de lo que está plasmado en *Hebreros 11,1.* **La fe es como aferrarse a lo que se espera, es la certeza de cosas que no se pueden ver.**

Sobra decir que pasé de todo. Me sacaron del apartamento donde vivía. Perdí todo. Solo me quedó la ropa que tenía puesta y una sabana. Mi refugio fue por casi tres meses el Centro Católico Carismático, como había adoración las veinte cuatro horas, allá amanecía cada día, como un perrito que se tumba a los pies de su amo. Así transcurrían mi noche a los pies de Jesús.

Momentos de dolor fue lo que viví, por un tiempo hasta abandonado de mi familia. Los míos me dieron la espalda, porque yo había dejado todo por seguir a Dios. Ahora era el anormal.

Sin un empleo, sin nadie que económicamente me tendiera la mano, sin ropa, sin tener donde dormir, que comer o que beber, la tristeza y hasta la depresión quisieron apoderarse de mí. Sin embargo en estos momentos es cuando más fuerte sentía la presencia de Dios. A Él clamaba, a El día y noche le suplicaba.

Lucas 18, 1-6. **Para inculcarles que hace falta orar siempre sin cansarse, les contó una parábola:**

-Había en una ciudad un juez que ni temía a Dios ni respetaba a los hombres. Había en la misma ciudad una viuda que acudía a él para decirle: Hazme justicia contra mi rival. Por un tiempo se negó, pero más tarde se dijo: Aunque no temo a Dios ni respeto a los hombres, como esta viuda me está fastidiando, le haré justicia, así no seguirá molestándome. El Señor añadió: -Fíjense en lo que dice el juez injusto; y Dios, ¿no hará justicia a sus elegidos si claman a él día y noche? ¿Los hará esperar? Les digo que inmediatamente les hará justicia. Sólo que, cuando llegue el Hijo del Hombre, ¿encontrará esa fe en la tierra?

Jesús eucaristía era mi alimento y mi fuerza.

Llegue a pasar tres días sin comer y sin beber, y al cabo de esos tres días lo único que conseguía como alimento y así fue en múltiples ocasiones era un pan o un pedazo de torta de harina de maíz, con un vaso de jugo de diez pesos. Hubo días en los que sentí morirme. El dolor abdominal me consumía, se me podían contar los huesos.

Mi mamá como empleada doméstica y mi papá cuidador de una finca en San José de las Matas, estaban lejos de mí. En ocasiones mi papá me buscó trabajo cerca de donde él estaba, más llegaba a mi mente ¿después de todo lo que Dios ha hecho por ti, lo dejarás por un trabajo? Sabía que si me iba, ya no podría ir a misa diario como lo hacía, sabía además que iba a tener que dejar los grupos de oración y pensaba en que lo más seguro era que ahora alejado de la iglesia volviera al mundo del que salí.

Un hecho que no puedo dejar de recordar, me negué a irme a trabajar. Esto fue para mi familia un escándalo. Empezaron a titularme de vago, holgazán, demente, loco, desjuiciado, frenético. ¡No los culpo! nadie podía entenderme. Solo yo y Dios conocíamos lo que había pasado y seguía pasando en mí... y mi fe me aseguraba que la prueba no iba a ser para siempre.

En mis días de hambre, de necesidad, fue cuando más grande vi la mano de Dios actuar a través de mi. Pude ver endemoniados liberarse y enfermos sanarse, personas que tenían que ser intervenidos quirúrgicamente y Jesús lo hacía. Personas necesitadas de una palabra de aliento, recibirla. Personas con depresión, ser levantas. Personas que no podían tener hijos recibir la deseada prole, personas sin empleo que lo conseguían y como podía yo cambiar esto por un trabajo, si vi como Dios a través de mi "el pobre" enriquecía a tantos.

Mi fuerza era la adoración al Santísimo. Luz, una señora pobre, compañera de oración, fiel adoradora, cada vez que podía, de lo poco que tenía, sacaba de su casa y me llevaba al centro para que algo comiera. Sé que un día cuando el Señor la llame a dar cuenta está será su gloria. Sin mucho que tener, quizás solo un huevo, con algo de arroz, eso con amor ella compartía conmigo.

Una mañana, me levanto del piso donde amanecía muy temprano, me dirijo al gran salón. El Espíritu Santo bajo sobre mi y empecé a orar en lenguas y a cantar un cántico espiritual que aun desconozco. Escuché la voz del Señor hablándome al oído y potentemente me decía: Mi hijo nadie te ha dado una habitación, sin embargo yo te doy mi casa, nadie te dio donde dormir, pero yo te he dado mi casa que tiene cientos de camas y yo te digo desde hoy tendrás un techo donde pasar la noche. Estaba atónito con esta voz, pero le creí. Lloré, alabé a Dios y su presencia seguía conmigo. Unas horas más tarde salgo, me dirijo a la casa de Emáus, a la eucaristía de medio día, iba a pie porque no tenía con que pagar veinte pesos de pasaje (esto era 40 centavos de dólar). Terminada la misa, me dirijo a casa de Mireli mi hermana y cuando estoy allá recibo una llamada de mi mamá diciéndome –mi hijo yo no gano mucho, pero de lo poco que tengo hoy mismo voy al rentarte una habitación para que tengas techo donde dormir.

Esta palabra causaron un impacto poderoso en todo mi ser. La voz que había escuchado si era la de Dios como lo creí, pues ya se estaba cumpliendo lo que había escuchado, y no solo esto. Una mujer, Yuldeka Morales, que a través de seguidores de Jesús me invitó a su casa a predicar me ofreció empleo en su negocio.

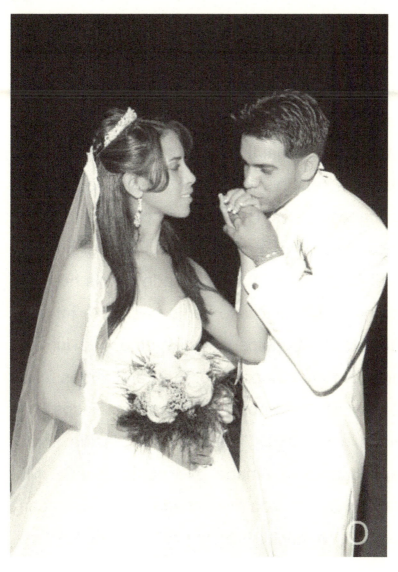

Jesús estaba bendiciéndome por doquier. Después de tanto pasar la bendiciones florecían. Ya tenía casa, empleo y ya se me estaba reconociendo como siervo de Dios, a demás, el treinta y uno del diciembre del 2013, mi papá que se había traslado de San José de las Matas a la ciudad para estar con nosotros, cuando faltaban unos minutos para las doce de la noche, nos reunió a todos. A mi mamá, a mis hermanas y a mí. Reunidos se puso de rodillas y nos pidió perdón a todos. A mi madre por todo el daño que le había causado. A mis hermanas por si en algo falto como padre y a mí por aquel día que golpeo a mi mamá. Me fui en llanto. No pude soportarlo. Fue el día más feliz de mi vida. Dios obro, hubo perdón. Todos lloramos como niños y al fin pude decirle a mi papá cuanto lo amaba. No podía creerlo. Mi oración había sido escuchada (vale destacar que llevaba mucho orando por este perdón).

Unos meses antes de esto, conocí en una asamblea, en San José de las Matas (en el ministerio Estrellitas de María, Asamblea Nuestra Señora de Lourdes) a la que hoy es mi esposa. Lisauri Payamps. Unos meses duramos conociéndonos luego iniciamos una relación formal y en diciembre del 2014 nos unimos en Santo Matrimonio en la catedral Santiago Apóstol el Mayor.

Mi hijo José Miguel aún no vive conmigo, pero aguardo en la promesa del Señor. Pues desde que tenía dos meses, que dormía conmigo, a los pies de Jesús en una simple sabanita, lo consagré al Señor y sé que un día Dios dará la gracia de que él esté conmigo alabando su Santo Nombre.

Acorto el relato diciéndoles, hoy por hoy estoy felizmente casado, tengo un empleo digno y ya son casi cinco años predicando la palabra de Dios y orando por los necesitados de manera ininterrumpidos. ¡Gloria a Dios!

A usted hermano le animo a depositar todas sus preocupaciones en manos del Señor pues así como obró en mí, lo hará en usted y no sólo en usted sino en su casa y en toda su familia.

No quiero terminar este escrito, sin antes repetirle que Dios tiene un plan perfecto para usted y que su palabra no dejará de cumplirse, pues así sucedió conmigo cuando se me profetizo que sería profeta de las naciones. Sabía que no tenía los medios para conseguirlo, sin embargo con todo mi corazón creí en lo que en nombre del Señor se me había dicho.

Veintiún años transcurrieron del primer llamado en el vientre de mi madre y seis años después de mí vuelta al camino, Jesús ha abierto las puertas y ha empezado a cumplir su palabra. Pronto voy a Estados Unidos, Colombia y a Panamá a llevar el evangelio de Cristo y a orar por las distintas necesidades existentes en el pueblo de Dios.

… y mi fe sigue diciéndome que esto es apenas el comienzo.

Oremos juntos a Dios, hagámoslo con fe y esperamos en su misericordia.

Dios Padre Bueno, Todopoderoso, una vez sabiéndome hijo tuyo, me dirijo a ti en el nombre de Jesús. Creyendo en la acción de Espíritu Santo me abandono en tus Santas y poderosas manos y te entregó mi vida, mi familia y toda situación adversa por la que estoy pasando. Creo que eres grande, que tienes poder y que me darás la victoria.

De ante mano te doy las gracias porque se y en fe declaro que ya obraste. Tú mereces mi Señor todas mis alabanzas. Toda la Gloria y la honra a ti te pertenecen por los siglos de los siglos.

Amén.

Fin

Índice	Página

Prólogo... 7

Agradecimientos.................................. 9

Palabras de Santo Zabala............................ 11

Palabras de Juan de Dios Mármol.................. 12

Palabras de Rosario Filpo........................... 13

Palabras de Monseñor Tobías Cruz................ 14

Cap. 1. Raíces.. 15

Cap. 2. Una sola carne................................. 25

Cap. 3. La llamada...................................... 35

Cap. 4. Lo sobre natural............................... 55

Cap. 5. La batalla....................................... 73

Cap. 6. Una fe que comienza a morir............... 85

Cap. 7. Vida pública.................................... 97

Cap. 8. Normal para el mundo....................... 111

Cap. 9. Hundido en el pecado........................129

Cap. 10. En busca de un empleo.................... 137

Cap. 11. La casa de Satanás......................... 145

Cap. 12. La obra de Dios.............................. 157

Made in the USA
Monee, IL
08 November 2020